한국생활사박물관
01

선 사 생 활 관

LIVING IN THE PREHISTORIC AGE

사계절

한국생활사박물관 편찬위원회

편집인	강응천
연구 · 편집	김영미
기획	(주)사계절출판사
집필	강응천
	김성환
	유용욱
	장석호
아트디렉터	김영철
편집디자인	백창훈 · 이정민
일러스트레이션 디렉터	곽영권
일러스트레이션	고광삼 · 김경수 · 김동원 · 김병하
	김형준 · 이원우 · 이은홍 · 이진 · 전진경
사진	손승현
전시관 디자인	김도희 · 장문정
제작	박찬수
교정	이경옥
내용 감수	배기동 (한양대 교수 · 고고학)
기획 감수	최준식 (이화여대 교수 · 종교학)
	오주석 (1956~2005, 전 연세대 겸임교수 · 미술사)
	김봉렬 (한국예술종합학교 교수 · 건축학)
	주영하 (한국학중앙연구원 교수 · 민속학)
	주웅림 (전 연세대학교 교수 · 역사학)

일 러 두 기

1. 역사적 사실이나 개연성에 대한 고증과 평가는 학계의
   통설을 기준으로 삼았다.
2. 지명과 인명의 표기는 가급적 중·고등학교 교과서를 따랐다.
3. 외래어 표기는 현지 표기를 존중하는 문화관광부 제정
   '외래어 표기법'과 중·고등학교 교과서를 따랐다.
4. 한자의 사용은 되도록 피하되 꼭 필요한 경우에는 ( ) 안에 넣었다.
5. 생활사의 성격상 곳에 따라 역사적 개연성을 벗어나지 않는
   범위안에서 가상 인물이나 가상 이야기를 첨가했다.

『한국생활사박물관』1권을 펴내며

박물관은 옛날의 것, 이미 죽은 것을 전시하는 곳이다. 하지만 우리가 박물관을 찾는 까닭은 옛날이 있기에 오늘이 있고 죽은 것들 모두를 토양 삼아 현재 우리의 삶이 이어지고 있기 때문이다. 따라서 박물관이 전시하는 '옛날'은 살아 있어야 한다.

우리 나라에는 참으로 많은 박물관이 다양한 표정으로 관람객을 맞고 있지만, 안타깝게도 그 안에 전시된 유물들은 차가운 유리 뒤에서 박제된 주검의 모습을 하고 있는 경우가 많다. 그런 유물들을 바라보며 우리는 생각했다. 저 석기가, 저 청동검이 벌떡 일어나 그것을 사용하던 사람들 손에 쥐어져 박물관을 누비고 다니는 모습을 볼 수 있다면, 그리하여 옛사람들의 총체적인 생활상을 한 편의 영화처럼 생생하게 들여다볼 수 있다면…….

『한국생활사박물관』은 그러한 문제 의식에서 계획된 책 속의 박물관이다. 추상적이고 박제된 역사가 아닌, 구체적이고 살아 움직이는 역사를 꿈꾸며 우리는 이 박물관을 짓기 위한 첫 삽을 떴다. 그리고 이제 그 첫번째 성과물로 이 박물관의 '제1관'에 해당하는 「선사생활관」을 여러분 앞에 내놓는다.

역사가 살아 있다는 것은 무엇보다 오늘날 우리 현실에서도 그 맥이 생생하게 살아 움직이고 있음을 뜻한다. 책장을 넘기자마자 독자의 시선을 끌어당길 '야외전시'는 수천 수만 년 전의 선사 시대가 오늘 우리에게 무엇인가를 웅장한 사진과 그림의 대비 속에 보여 줄 것이다. 또 이 책은 단지 과거를 되살려 보여 주는 데서 그치지 않는다. 유물·유적을 발굴하는 현장으로 독자를 안내하여 과거가 재현되는 과정을 체험하는 기회와 함께 잊혀진 과거를 찾는 데 기여한 사람들을 직접 만나는 기회도 제공할 것이다.

「선사생활관」은 이처럼 과거와 현재 사이에서 긴장의 끈을 놓지 않으면서 생동감 넘치는 선사 시대 삶의 현장을 선보인다. 우리가 가련한 자연의 희생물로만 생각하기 쉬운 선사인들이 사실은 그들 나름대로 얼마나 지혜롭고 씩씩하게 삶을 개척해 나갔는지 '구석기실', '신석기실', '특별전시실'을 돌며 확인하기 바란다. 특히 컴퓨터그래픽으로 재현한 '특별전시실'의 울산 반구대 바위그림에는 선사인들이 직접 그린 당대의 생활상이 웅장하고도 세밀하게 묘사되어 있어 오래도록 감동의 여운을 선사할 것이다.

「선사생활관」은 나아가 전시실들 외에 좀더 심층적인 주제를 강의로 풀어 주는 '특강실'과 우리 유산을 외국의 예와 비교하여 보여 주는 '국제실' 같은 특별 코너도 마련하고 있다. 그런가 하면 '가상체험실' 코너에서는 신석기 시대 한강변의 암사동 사람들이 쫓던 멧돼지가 이웃 미사리로 넘어갔다는 가정 아래 일어났음직한 사건을 극화해 보여 준다. 이 드라마는 오락 요소도 제공하면서 당시 사회상에 대한 구체적인 이해를 도울 것이다.

이 한 권의 책을 내기 위하여 우리는 1년 가까운 기획 기간과 8개월에 이르는 제작 기간에 걸쳐 산고를 겪어야 했다. 이 책에 실린 500매의 원고와 40여 컷의 그림, 90여 컷의 사진에는 '하나하나가 박사학위 논문'이란 말을 들을 만큼 많은 정성이 깃들여 있다. 그 동안 참고할 자료의 부족과 감당해야 할 내용의 무게 때문에 '절망'과 '포기'의 유혹도 여러 번 따랐지만, 이 책의 큰 의의에 대한 우리들 자신의 자부심과 이를 이해한 많은 분들의 도움으로 여기까지 올 수 있었다.

우리는 앞으로도 숱한 도전이 기다리고 있는 것을 알지만, 선사 시대부터 현대에 이르는 우리 민족의 생활사를 오롯이 되살려 낼 때까지 지금의 걸음을 멈추지 않을 것이다. 독자 여러분의 따뜻한 격려와 매서운 질책을 함께 기다린다.

2000년 6월 한국생활사박물관 편찬위원회

선사생활관안내

8
야 외 전 시
OPENING EXHIBITION

「선사생활관」의 도입부이자 『한국생활사박물관』 시리즈 전체의 도입부
로서 선사 시대로부터 현대에 이르는 인간 생활의 기본적인 특징을 시
원한 사진과 그림의 대비 속에 보여 준다.

22
구 석 기 실
PALEOLITHIC AGE

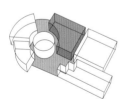

약 250만 년 전부터 1만 년 전
까지, 인류 역사의 대부분을 차
지하는 구석기 시대에 사냥과
채집으로 먹을 것을 조달하고
끊임없이 동굴들을 옮겨다니면
서도 꿋꿋하게 생활을 이어가던
사람들의 모습이 재현된다.

36
신 석 기 실
NEOLITHIC AGE

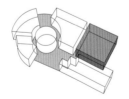

1만 년 전 빙하기가 끝나면서
오늘날과 비슷한 자연 환경을
맞은 사람들이 한 군데 모여 집
을 짓고 마을을 이루고 살면서,
정교하게 갈아 만든 석기와 흙
으로 빚은 토기로 새로운 생활
을 창조하던 현장을 방문한다.

62
특 별 전 시 실
SPECIAL EXHIBITION

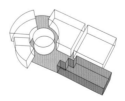

고기잡이와 사냥을 주로 하고
살던 선사 시대 울산 대곡리 마
을 사람들이 자신들의 생활상을
거대한 바위에다 직접 그려놓은
바위그림을 컴퓨터그래픽으로
재현하고, 같은 시대 세계의 바
위그림을 함께 소개한다.

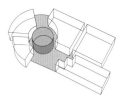

74
가상체험실
SIMULATION ROOM

과거의 유적 · 유물을 발굴하는 과정이 어떻게 이루어지는지 전곡리 구석기 유적의 발굴 과정을 통해 알아본다. 또한 신석기 시대에 암사동과 미사리 사람들 사이에 일어났을 법한 사건을 통해 당시 생활상을 체험한다.

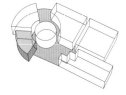

82
특강실
LECTURE ROOM

선사 시대에는 여성이 우월한 지위를 갖고 있었다는 '모권 사회설'의 내용과 의미에 관한 논쟁을 살펴보고, 선사 시대를 구석기, 신석기와 같이 돌 도구를 기준으로 구분하게 된 내력과 그 문제점을 상세히 풀어 준다.

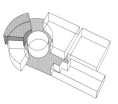

88
국제실
INTERNATIONAL EXHIBITION

4백여만 년 전의 유인원부터 지금의 인류인 '호모 사피엔스 사피엔스'에 이르기까지 인류는 어떤 과정을 거쳐 진화했는지, 그리고 지금의 인류는 어떤 과정을 거쳐 전세계로 퍼져 나갔는지 도표와 지도로 살펴본다.

선 사 생 활 관

야외전시 OPENING EXHIBITION

이곳은 『한국생활사박물관』1권 「선사생활관」의 도입부인 동시에 『한국생활사박물관』 시리즈 전체의 도입부입니다. 그래서 가상의 박물관 안내도에서는 야외전시를 박물관으로 들어가는 입구에 배치했습니다. 이곳에서는 선사 시대부터 현대에 이르는 인간 생활의 기본적인 특징을 한 편의 다큐멘터리 영화 같은 형식으로 선명하게 보여 줍니다. 일과 놀이로 이루어지는 우리 일상 생활의 유구한 흐름을 살피면서 삶의 의미를 되돌아볼 기회를 가져 보십시오.

서기 2000년 1월 1일 오전 7시 서울

인류의시간
Time for Mankind

지 금 그 리 고 그 때 ● 상쾌한 아침! 거대한 도시가 마악 잠에서 깨어나고 있다. 우뚝 솟아오른 건물들이 기지개를 켜고 있고, 밤새 이슬을 먹고 기운을 차린 아스팔트 길이 사방으로 뻗어나갈 채비를 하고 있다. 이 골목 저 골목을 빠져 나온 자동차들이 매캐한 연기를 뿜어내며 길바닥을 박차기 시작한다. 지금 여기에서 현대 한국인의 삶이 시작되고 있다.

그러나 이 도시는 지난 밤 동안에도 죽어 있었던 것은 아니다. 어딘가에선 한 생명이 태어나고 어딘가에선 한 생명이 죽어 가는 격동의 시간 속에 도시는 거대한 꿈을 꾸었다. 오늘 이 자리에서 그가 목격하고 있는 온갖 삶과 죽음의 드라마가 시작되던 아득히 먼 옛날의 꿈을. 그리고 그 꿈은 우리에게 한 가지 사실을 알려준다: 먼 옛날이나 지금이나 인류는 하나이며 그들의 삶도 하나라는 것을.

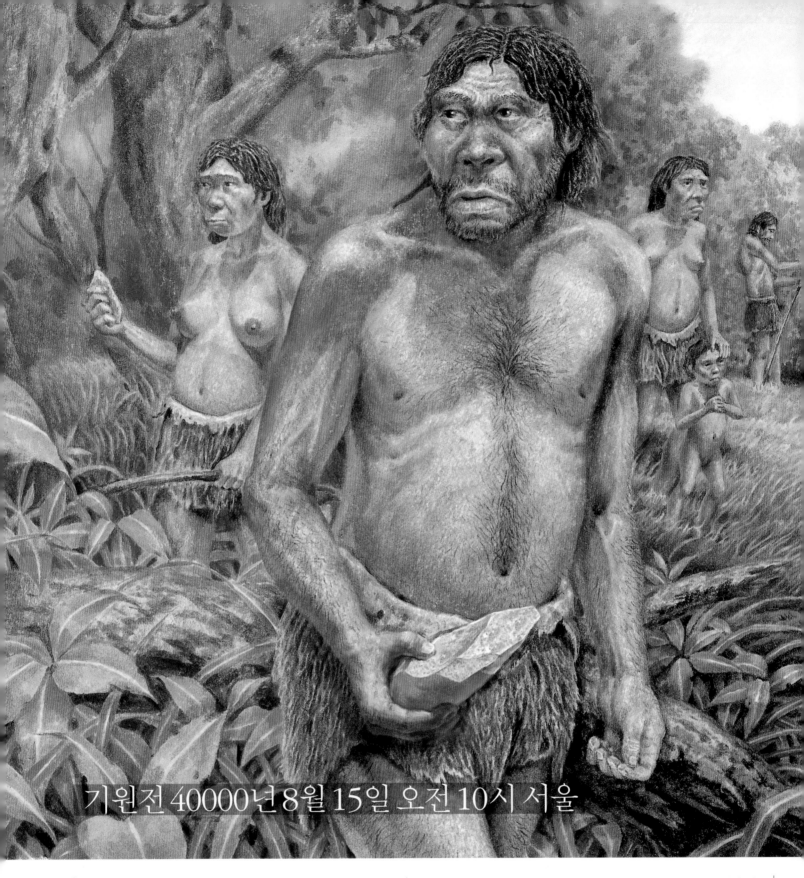

기원전 40000년 8월 15일 오전 10시 서울

인류가 막 삶을 시작하던 그 옛날, 그들에게는 맹수의 날카로운 이빨이 없었다. 날아오르는 독수리의 우아한 날개도 없었고, 물살을 헤치는 상어의 지느러미도 없었다. 이런 열등한 동물인 인간이 어떻게 멸종되지 않고 살아남았으며, 나아가 다른 동물의 지배자로 우뚝 설 수 있었을까? 그것은 무엇보다도 저 도시의 고층 건물 같은 그들의 '우뚝 서기'에 있었다. 어느 날 갑자기 대지를 딛고 벌떡 일어선 그들이 앞으로 내민 '해방된' 두 앞발! 그들이 이 앞발로 무언가를 움켜쥐기 시작하면서 세상 모든 삶은 근본적인 변화를 겪기 시작했다.

아프리카에서 발견된 유인원(원숭이와 인류의 중간 존재) 아르디피테쿠스(Ardipithecus)나 오스트랄로피테쿠스(Australopithecus)는 두 발로 대지를 딛던 최초의 동물로서, 그들이 살던 시기는 450만년 전까지 거슬러 올라간다. 그리고 약 250만 년 전이 되면 최초의 '호모(Homo:인류)'인 호모 하빌리

10

스(Homo habilis)가 두 손으로 자갈돌을 깨서 도구로 사용하기 시작했다. 앞으로 살펴보겠지만 인류가 손을 움직여 도구를 만들고 조작하게 된 것은 그들의 두뇌를 정교하게 하고 생활을 풍부하게 하는 결정적인 계기였다. 약 1백만 년 전이 되면 불을 사용하는 호모 에렉투스(Homo erectus)가 활동을 시작한다. 불을 쓴다는 것은 추운 지역에서도 살 수 있다는 뜻. 이제 인류는 아프리카를 떠나 전세계로 퍼져 나갈 수 있게 되었다. 그 후 인류의 진화는 가속도를 얻어 네안데르탈인으로 대표되는 호모 사피엔스(Homo sapiens)와 현생 인류인 호모 사피엔스 사피엔스(Homo sapiens sapiens)가 잇따라 등장했고, 그들의 공존 속에 매장 풍습과 축제 같은 문화 예술 행위도 나타났다. **(88~91쪽 '국제실' 참조)**

그 후로도 수만 년. 인류는 '일과 놀이'라는 삶의 근본 형식 속에 다채로운 내용을 채워 가며 오늘에 이르고 있다.

서기 2001년 2월 1일 오전 11시 광화문 부근 건설 현장

생 산 과 노 동 ● 굴삭기(excavator) 기사 김씨는 일명 '포크레인 김'으로 불린다. 건설 현장에서 포크레인이라고 불리는 굴삭기를 몰아온 지 20년. 그는 새벽 같이 일어나 욱신거리는 몸을 추스리며 간단한 체조를 한 다음 공사 현장으로 달려와 부근 식당에서 해장국으로 간밤의 숙취를 달랜다. 밤새 이슬을 맞으며 그를 기다리던 굴삭기는 그가 시동을 걸고 기어를 밀자마자 근질거리던 근육질의 팔을 들어올렸다가 손끝에 달린 우악스러운 삽을 내리꽂아 흙과 바윗덩어리들을 긁어 담는다. 옆에서는 또 다른 굴삭기가 삽 대신 드릴을 달고 열심히 땅을 뚫어대고 있다.

이처럼 포크레인 김이 굴삭기와 함께 하는 '노동'은 해가 뜨면서 시작되어 해가 지면 끝난다. '노동'이 하루 생활의 가장 중요한 부분을 이루는 것이다.

포크레인 김뿐 아니라 현대를 살아가는 생활인, 나아가 동서고금의 모든 인류가 그 생활의 가장 중요한 부분을 노동으로 채워 왔고 채우고 있다. 노동은

인간이 개인적으로나 사회적으로나 살아가는 데 필요한 물자를 얻는 필수적인 행위이기 때문이다.

이러한 노동은 도구와 생산력의 발전에 따라 그 방식을 달리해 왔고, 노동 방식이 바뀔 때마다 인류의 생활 양식도 크게 달라져 왔다. 굴삭기처럼 사람의 능력을 몇십 배 늘려 주는 대규모 노동 도구와 수많은 노동자를 한꺼번에 동원할 수 있는 대단위 사업장은 현대인의 노동 조건과 생활 상태를 과거와는 비교도 할 수 없는 수준에 올려 놓았다. 그러나 노동자가 자신의 손을 놀려 도구를 사용한다는 점, 노동은 혼자가 아니라 여럿이 모인 가운데 역할 분담을 하면서 사회적으로 이루어진다는 점, 나아가 인간은 노동을 통해 자기 자신의 적성이나 특기, 사회적 욕망 등등 한 마디로 '자기 자신'을 실현하고 계발한다는 점에서 현대인의 노동과 오랜 옛날 인류의 노동은 달라진 것이 없다.

기원전 4000년 9월 15일 정오 북한산 기슭

인류가 최초로 사용한 노동 도구는 손이었다. 250만 년 전부터 시작된 손쓰기는 인류를 거의 만능의 존재로 변화시켰다. 이 세상에 과연 인간의 손처럼 쓰임이 많은 것이 있을까? 우리는 오늘도 손으로 무언가를 만들고, 무언가를 고르며, 무언가를 잡고서 살아간다. 무엇이든 그 속에 한번 들어가기만 하면 이전에 없던 새로운 창조물이 되어 나오거나 철저하게 짓이겨져 아무 것도 남지 않게 된다. 손은 사랑하는 사람을 어루만지며 고귀한 감정을 확인하기도 하고, 한 움큼의 돈다발을 움켜쥐고 온 세상을 차지한 것처럼 부르르 떨기도 한다. 이 모든 인간 생활의 희로애락을 감당하는 손은 인간의 만능 무기요 이 세계가 낳은 가장 창조적이고 탐욕스러운 존재이다.

그 손이 가장 먼저 움켜쥐고 새로운 창조물로 빚어낸 자연의 대상은 돌이었다. 그들은 돌을 다른 돌에다 부딪쳐서 깨거나 날카롭게 다듬어서 생활에 필

요한 도구들을 만들어 냈다. 돌로 만든 호미로는 땅을 파서 풀뿌리를 긁어모았고, 돌화살촉으로는 짐승을 잡았다. 돌칼로는 짐승 가죽을 벗겨 옷을 지어 입었고, 돌과 돌을 세게 부딪쳐서 불을 일으켰다. 손이 하는 일이 이처럼 많아지면서 그 손을 지시하는 인간의 두뇌도 점점 더 복잡하게 변화해 갔다. 이 변화로 말미암아 인간은 다른 모든 동물로부터 결정적으로 멀어지게 되었다.

한층 날카로워진 두뇌, 그 두뇌의 지시를 받는 여문 손, 그 손의 조작을 받는 돌도구를 가지고 선사 시대 사람들이 행한 최초의 노동은 사냥과 채집이었다. 그것은 고단하고 위험하기 짝이 없는 노동 방식이었으나, 독수리에 채이고 호랑이에게 잡아먹히던 자연의 약자를 강력한 지구의 왕자로 변모시킨 더디지만 되돌려 놓을 수 없는 거대한 혁명의 전주곡이었다.

서기 2002년 3월 1일 오후 7시 잠실 실내 스케이트장

축제와 놀이 ● 도시에 다시 어둠이 깔리면, 부산했던 한 주일이 가고 주말이 오면, 오랜 기다림 끝에 휴가를 맞으면, 사람들은 얼얼해진 일손을 놓고 단꿀과도 같은 휴식과 오락을 찾아 어딘가로 모여든다. 어떤 이들은 가족과 함께 스키장이나 놀이동산 · 바닷가를 찾고, 어떤 이들은 공연장에서 열광하고, 어떤 이들은 노래방에서 목이 터져라 노래를 불러젖히고, 또 어떤 이들은 선술집에 둘러앉아 깔깔한 입 속에 소주를 털어넣는다.

하루 일과의 끝, 긴 노동과 노동 사이의 여가에 벌이는 이 같은 유희와 축제를 통틀어 '놀이'라고 부르자. '일' 다음에 찾아오는 '놀이'는 인간 생활에 활력과 생기를 불어넣어 준다. 놀이는 단지 '일이 아닌 것'이 아니라 다음에 해야 할 '일'을 더욱 멋지게 해내기 위한 숨고르기이다. 인간은 의식주를 보장해 주는 일이 있기에 놀이의 여유를 가질 수가 있고, 몸과 마음을 새롭게 해주는 놀이가 있기에 두 소매를 걷고 일터로 나서는 투지를 가질 수 있다.

오랜 옛날이나 요즘이나 인간은 근본적인 두 가지 구속으로부터 결코 완전히 자유로울 수 없다. 그 하나는 노동이라는 '사회적 구속'이고 또 하나는 '생리적 구속', 즉 잠자고 먹고 용변 보는 생리적 활동의 구속이다. 생리적인 구속은 절대적인 것이지만 사회적 구속인 노동은 인류 사회의 생산력이 증대하고 노동 방식이 효율화되면 상대적으로 그 소요 시간을 줄일 수 있고 그만큼 여가에 할애되는 시간을 늘일 수 있다.

인간이 자유롭게 처분할 수 있는 여가가 늘어난다는 것은 그만큼 창조적이고 풍부한 인간으로 거듭날 기회를 더 갖는다는 뜻이다. 인류의 역사는 어찌 보면 생존을 위해 필수적인 노동 시간을 단축하고 자유로운 여가 시간을 더 많이 확보하기 위한 노력의 역사였다고 할 수 있다. 다수 대중이 여가를 즐기게 되고 여가 산업까지 등장한 것은 근래의 일이지만 이미 선사 시대부터 인간은 효율적인 여가 선용의 방법을 모색하고 있었다.

기원전 2000년 8월 15일 저녁 9시 암사동

　선사 시대 인류는 지금 우리들보다 훨씬 치열하게 여가를 '즐겼다'. 힘겨운 사냥과 채집에서 벗어나 여가 시간을 얻은 구석기 시대 사람들은 동굴 벽에다 혼신의 힘을 다 해 그림을 그렸다. 프랑스의 라스코 동굴, 에스파냐의 알타미라 동굴 등에 남아 있는 구석기 시대 벽화는 생동감 넘치는 동물들로 가득해 사냥에서 풍성한 수확을 얻고자 하는 그들의 절실한 바람이 그대로 묻어 나온다. 농사를 짓고 가축을 기르기 시작한 신석기 시대 사람들도 일이 끝나면 축제와 놀이를 전투적으로 즐겼다. 오늘날도 원시 생활을 하고 있는 오스트레일리아나 아프리카의 부족들을 보면 선사 시대 사람들이 벌이는 축제와 그 축제에서 즐기는 군무(群舞)는 매우 격렬하며 원시적인 생명력으로 충만한 것이었음을 짐작할 수 있다.

　선사 시대 사람들이 이처럼 여가를 치열하게 보낸 것은 그들의 노동이 치열한 것이었기 때문이었다. 사냥과 채집이든 원시 농경과 목축이든 선사 시대 사

람들은 사나운 동물과 험한 자연 환경 앞에 목숨을 내놓고 노동에 임했다. 그런 험난한 일을 마치고 집으로 돌아온 그들인데, 단지 지쳤다는 이유만으로 그냥 쓰러져 잘 수 있었을까? 전쟁 같은 일터에서 목숨을 잃은 동료의 영혼이 저 하늘에서 자신들을 내려다보고 있는데, 잡아 먹은 짐승의 정령이 동굴 밖을 떠도는데, 농사를 주관하는 신이 부릅뜬 눈으로 들판을 지켜보고 있는데……. 그들은 정성껏 만든 물감으로 몸과 동굴 벽에 정성껏 그림을 그렸고, 하늘과 주변의 산천초목에 깃들여 있는 초자연적인 존재에 큰 소리로 기도를 올렸다. 그리고 소리 높여 노래를 부르고 격렬하게 몸을 흔들며 춤을 추었다. 초자연의 힘을 자기 몸 속으로 끌어들여 다음 일터에서 또다시 초인적인—사실은 대단히 인간적인—힘을 발휘하려는 의식이었다.

인류의 시간은 이러한 일과 놀이의 연속 속에 지금도 계속되고 있다.

선 사 생 활 관

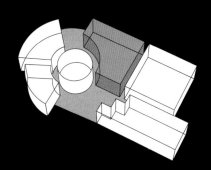
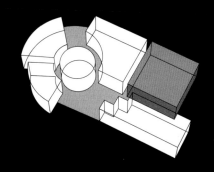
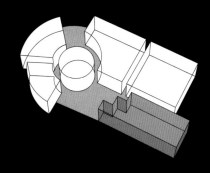
전시 PART 1

이곳에서는 선사 시대의 한반도 일대에서 펼쳐지던 삶의 모습을 세 전시실로 나누어 보여 줍니다. 우선 선사 시대를 일반적인 시대 구분에 따라 구석기 시대(기원전 250만 년~1만 년)와 신석기 시대(기원전 1만 년~1천 년)로 나누고, 각 시대의 생활상을 '구석기실'과 신석기실'에서 정리했습니다. 이어 '특별 전시실'에서는 우리 나라 선사 시대 생활상에 관한 가장 중요하고 생생한 유물 가운데 하나인 울산 대곡리 바위그림을 컴퓨터그래픽으로 재현하고, 같은 시대 다른 지역의 바위그림들과 비교했습니다.

▲ **금굴** : 1967년 충청북도 단양군에서 발견된 구석기 시대 동굴 유적지. 이 동굴의 퇴적층에서 남한에서는 드물게 대량의 석기와 동물 뼈가 출토되었다.
그러나 구석기 시대에 한반도에서 살았던 사람들이 한국인의 직접적인 조상인지는 현재로서 분명치 않다.

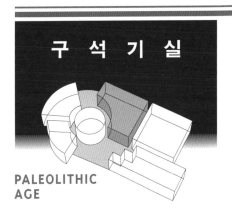

구 석 기 실

PALEOLITHIC
AGE

구석기 시대는 인류 역사의 99.9%

현대인에게 동굴은 밝음보다는 어두움, 아늑함보다는 불편함, 친근함보다는 두려움으로
다가온다. 그러나 약 250만 년 전부터 1만 년 전까지로 추정되는 구석기 시대에 동굴은
그 어느 곳보다도 아늑하고 친근한 보금자리였다. 인류는 이 세상 어느 곳보다 편안한
이곳에 모여 밝은 불을 피워 놓고 세상살이의 기쁨과 시름을 함께 나누었다.
인류 역사의 99.9%에 해당하는 이 긴 시간 동안 인류는 돌을 깨뜨려 생활의 도구로 썼다.
길게 잡으면 100만 년 전까지 거슬러 올라가는 우리 나라 구석기인도 마찬가지였다.
그들은 돌도구를 들고 여럿이 힘을 합쳐 동식물을 채집하고 사냥하면서
자연이 선사한 동굴에서 살았다.
자연은 그들을 낳아 주고 길러 주는 어머니였다. 그러나 이 시기 대자연이 인간에게
호의적이었던 것만은 아니다. 구석기인이 살았던 홍적세 시기에 지구는 빙하기와
간빙기를 교대로 거쳤다. 빙하기에는 유럽과 북미 대륙을 뒤덮은 빙하의 영향으로
아한대 기후가 찾아왔으며, 곳곳에 전나무와 소나무를 중심으로 하는 침엽수림이 우거졌다.
동물도 털코끼리처럼 체구가 크고 가죽이 두터운 맹수들이 주로 살았다.
반면 간빙기에는 빙하 시대의 얼음이 녹아 바다로 흘러들면서 우리 나라 중부에까지
아열대 기후가 올라왔다. 자작나무 · 참나무 등 활엽수림이 대표적인 숲을 이루고,
이들 나무 그늘 아래 고사리 같은 풀들이 자랐다. 쌍코뿔소나 원숭이 같은, 더운 지방에
사는 짐승들의 뼈도 넓은 지역에서 출토되고 있다.
오늘날처럼 문명의 이기가 없었던 당시의 인류에게 변덕스러운 대자연의 변화는
감당하기 어려운 것이었을지도 모른다. 그러나 이 당시부터 인류는 다른 동물과 구별되는
특유의 지혜와 저돌성을 유감없이 발휘하여 불을 이용하고 돌도구를 사용하면서
손의 감각을 예민하게 발달시키고 그에 따라 두뇌를 날카롭게 다듬어 갔다.
무엇보다도 그들은 똘똘 뭉치는 공동체 정신으로 작은 체구와 약한 체력을 극복해 나갔다.
'하나는 전체를 위하여! 전체는 하나를 위하여!'
이것이야말로 약육강식의 자연 속에 내던져진 구석기 인류를 멸종으로부터 구하고,
더 나은 미래로 이끌고 나간 제1의 원리가 아니었을까?

구석기 동굴 앞에서

한 젊은이가 사냥에서 잡은 멧돼지를 둘러메고 동굴 앞 공터로 돌아오고 있다. 동굴에서
아이들을 돌보며 불씨를 지키던 여인들이 함박 웃음을 지으며 아이들과 함께 뛰어나온다.
그러나 웃음은 곧 비명과 탄식으로 바뀐다. 사냥 도중 상처를 입은 다른 젊은이가 동료들의
부축을 받으며 그 뒤를 따랐기 때문이다. 채집에 나섰던 처녀들과 노인들도 돌아온다.
아이들이 "와!" 소리를 지르며 이들 주위에 모여들었다가 이내 풀죽은 모습으로 흩어진다.
그곳 일대의 나물과 열매에 대해 해박한 지식을 갖고 있는 지도자가 고개를 설레설레 흔들며
힘없이 말한다. "아무래도 이곳을 떠날 때가 온 것 같아."
동굴 앞 한쪽에서는 최근에 석기 만드는 일을 배운 아이가 낑낑거리며 모루에다 돌을
내리치고 있다. 그런가 하면 한쪽에 펼쳐 놓은 사슴 가죽 위에서는 여인들이 긁개를 가지고
무두질을 하고 있다. 이것이 수십만 년 전부터 약 1만 년 전까지 평양 근교의 용곡동 동굴,
충청북도의 금굴을 비롯한 곳곳의 구석기 동굴 앞에서 볼 수 있었던 삶의 모습이다.
이러한 일상생활 속에서 그 시절에도 사람들은 끊임없이 태어나서 살다가 죽어 갔을 것이다.
새 생명의 탄생을 알리는 아기의 우렁찬 울음소리가 동굴 안에 울려퍼지면, 출산을 도와 주던
여인은 돌로 만든 자르개를 솜씨 있게 놀려 탯줄을 잘라 내고 동굴 안팎에 모인
사람들에게 새 생명의 탄생을 알렸을 것이다. 그러면 구석기 일꾼들은 대나무와 짐승 뼈로
만든 창을 하늘을 향해 찔러 대며 이렇게 환호했을 것이다.
"이 험한 세상을 우리와 함께 하고 우리 집단을 이어갈 사람이 태어났으니
모두에게 이 얼마나 큰 축복이란 말인가!"
그리고 이 동굴에서는 사별의 아픔도 있었을 것이다.
용맹한 사냥꾼의 시신이 피를 흘리며 운반되어 온다.
축 처진 그의 몸에 달라붙어 울부짖는 여인네와 아이들의 눈에서 하염없이
눈물이 흘러내린다. 묵묵히 동굴 안쪽에 시체를 눕히고 흙을 덮어 주던
사람들이 나지막한 목소리로 애도한다.
"당신은 더 이상 움직이지 않지만, 우리는 당신을 잊지 않고
힘차게 살아갈 것입니다!"
구석기인이 그처럼 힘차게 살아가지 않았다면 오늘 우리가
있을 수 없었다는 것은 너무도 분명하다.
이제부터 그 힘찬 삶의 현장으로 들어가 보자.

석기를 만들고 있는 소년 : 가장 중요한
생활 도구였던 석기를 만들고 다듬는 일은
구석기인에게 가장 일상적인 일 가운데
하나였다.

부상당한 청년 : 구석기 시대의
맹수 사냥은 목숨을 건 위험한
노동이었다.

동굴 가족 : 동굴에 남아 있던 가족이
사냥에서 돌아오는 남자들을 걱정스럽게
맞이하고 있다. 이들 모두가 피를 나눈
부모형제는 아니지만, 함께 일하고 자녀도
함께 기르는 끈끈한 공동운명체였다.

가죽을 말리는 여인 : 가죽이
오그라들지 않도록 둘레에 나무못을
박아서 말리고 있다. 사냥의 부산물인
가죽은 옷과 이불의 주재료가 되었으므로
고기 못지않게 소중하게 다루어졌다.

대자연의 일터에서

구석기인의 일터는 동굴 주변에 펼쳐진 대자연이었다. 아직 식량을 '생산'할 줄 몰랐던 그들은 여러 명이 산과 들로 몰려다니며 자연이 생산한 동식물을 긁어
모으거나 사냥했다. 자연이 풍요로우면 그들도 풍요로웠고 자연이 척박하면 그들도 굶주렸다. 구석기 시대에 인간과 자연은 하나였다.

채집 | 세상의 모든 먹을거리를 찾아서

구석기인이 숙련된 지도자와 함께 동굴 밖으로 채집을 나왔다. 이들이 야산의 동굴에 '입주' 했을 때부터 주변 생물계는 바짝 긴장하고 있었을 것이다. 겉보기에는 먹이사슬의 밑바닥에 자리잡아야 할 것처럼 보이는 '별종 원숭이'들이 산과 들을 활보하면서 먹을 만한 것들을 '싹쓸이' 하려 들 것이기 때문이다.

채집은 어떻게 ● 그렇다고 구석기인이 무작정 산과 들을 휩쓸면서 먹을거리를 긁어모은 것은 아니다. 구석기인의 생업인 채집과 사냥 중에서도 채집은 절대적 비중을 차지하는 주업이었다. 뗀석기 정도로 무장한 구석기인이 자기보다 빠르고 강한 짐승들을 잡아서 먹을거리를 조달하는 데는 많은 한계가 있었기 때문이다.

이처럼 중요한 채집을 마구잡이로 할 수는 없는 노릇이다. 주변의 지리와 생물 분포에 밝아야 하고, 또 치밀한 계획을 세워야 한다. 자칫 뱀에 물리거나 독버섯 따위를 땄다가는 큰일나므로 이에 대한 사전 지식과 대처 방법도 알고 있어야 한다. 따라서 채집을 나갈 때는 여러 명이 나무 막대, 돌도끼, 자르개 등을 들고 경험과 지혜를 갖춘 지도자를 중심으로 일사불란하게 움직인다. 그 중에서 '끼' 를 타고난 친구가 있으면 멋진 노래를 불러 가며 노동의 고통을 달래기도 했을 것이다. 아무리 원시적인 식량 조달법인 채집이라고 해도 이렇게 조직적으로 하는 데 인간의 참모습이 있다.

무엇을 채집했을까 ● 쌀이나 보리 같은 곡식을 농사 지을 줄 몰랐던 구석기인의 주식은 무엇이었을까? 얼핏 우리 나라에서 많이 나는 도토리가 떠오르지만, 이것은 그냥 먹으면 쓰고 배탈이 난다. 구석기인에게는 미안한 말이지만 그들이 도토리 가공법을 알고 있었을지는

▼ **탄화된 도토리**
탄수화물이 풍부한 도토리는
한반도 곳곳에서 쉽게 얻을 수 있어
선사인의 영양식으로 적합했다.
그러나 '개밥의 도토리' 라는 말처럼
도토리는 그 쓴 맛 때문에
그냥 먹을 수는 없고,
물에 불린 뒤 으깨어 먹어야 한다.
신석기인은 그 방법을 잘 알고
있었지만, 도토리를 먹고 싶기는
마찬가지였을 구석기인은
과연 그 문제를 해결했을까?
사진은 강원도 양양 지경리의
신석기 시대 집자리에서 발견된
탄화 도토리. 구석기인이 도토리를
먹었다는 증거는 아직 나오지 않았다.

의문이다. 그렇다면 그들이 주로 채집한 먹을 거리는 무엇이었을까? 이와 관련해서 한참 뒤에 나온 책이지만 조선 세종 때의『구황촬요』를 참고할 수 있다. 기근이 들었을 때 산과 들에서 구할 수 있는 먹을거리를 정리한 이 책에는 명아주 · 쑥 · 냉이 · 고사리 같은 풀이나 솔잎,

땅속 뿌리 : 땅속에 묻힌
알뿌리나 줄기는 영양가 있는
식품으로 채집의 주요 대상이다.

마·칡·도라지·토란·둥굴레·더덕 같은 뿌리, 고욤·구기자·대추·밤 같은 열매 등이 나열되어 있다. 현대인도 즐겨 먹는 이러한 식물들은 구석기 시대에도 주된 채집거리였을 가능성이 많다.

그런데, 채집 하면 흔히 식물이 떠오르지만 그것이 전부는 아니다. 풀잎이나 나뭇가지에서 흔히 발견할 수 있는 애벌레나 땅 속에 사는 벌레들, 실개천의 가재도 채집 나가서 쉽게 건질 수 있는 요깃거리임에 분명하다.

이처럼 채집은 자연이 제공할 수 있는 온갖 먹을거리를 모으는 활동이었다.

채집은 누가 ● 요즘 대형 할인점을 가보면

함께 물건을 사러 나온 부부가 많다. 그런데 보통 이들 가운데 많은 수가 아내는 신나게 매장을 누비는 데 반해 남편은 10분이 못 가 싫증을 낸다. 어떤 학자는 이를 두고 옛날에 여자는 채집, 남자는 사냥을 하던 습관이 유전되어 여자가 물건 고르는 일을 더 잘 하기 때문이라고 설명한다.

그러나 구석기 시대의 남녀 사이에 이처럼 사냥과 채집이라는 성적 분업이 있었다는 것 자체를 부정하는 학자들도 있다. 그들에 따르면 사냥은 늘 있는 일이 아니었고, 구석기인의 일상 생활은 대부분 채집 활동으로 이루어졌다. 그렇다면 사냥이 없을 때 여자들만 채집에 나서고 남자들은 동굴에서 놀고 지냈을 리는 없다는 것

이다. 따라서 사냥뿐 아니라 채집에도 남자들이 적극적으로 나섰을 가능성이 높다는 게 이 견해의 핵심이다.

여자들은 동굴에서 불씨도 지켰을 것이고, 동굴 안팎에서 지금의 가사에 해당하는 일도 했을 것이다. 게다가 다른 어떤 동물보다 생육 기간이 월등히 긴 아이들을 낳아 기르는 일은 전적으로 그들의 몫이었다. 채집을 전담하기에는 여성들이 너무도 중요한 일을 맡고 있었던 셈이다.

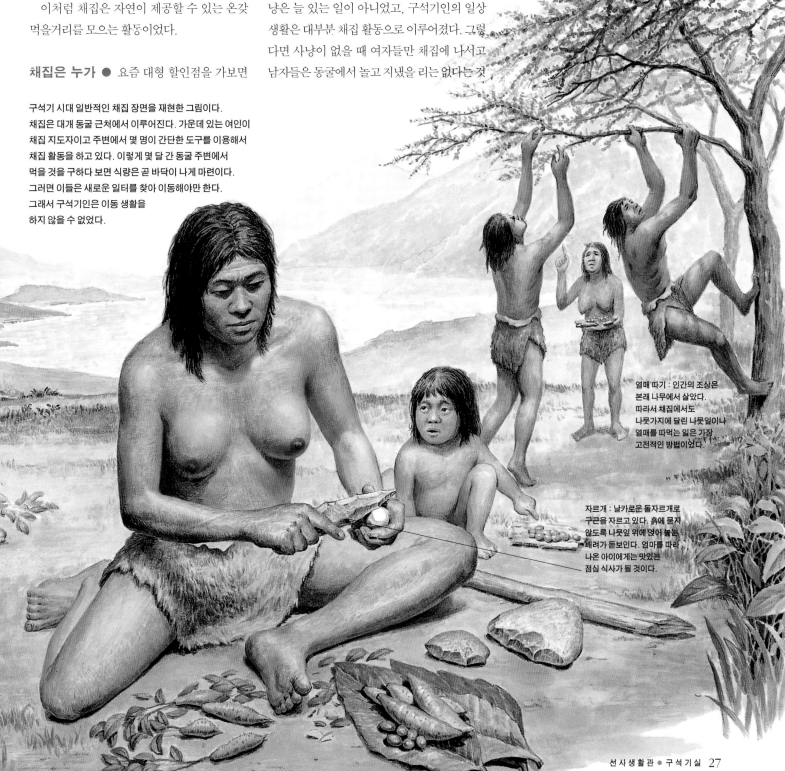

구석기 시대 일반적인 채집 장면을 재현한 그림이다. 채집은 대개 동굴 근처에서 이루어진다. 가운데 있는 여인이 채집 지도자이고 주변에서 몇 명이 간단한 도구를 이용해서 채집 활동을 하고 있다. 이렇게 몇 달 간 동굴 주변에서 먹을 것을 구하다 보면 식량은 곧 바닥이 나게 마련이다. 그러면 이들은 새로운 일터를 찾아 이동해야만 한다. 그래서 구석기인은 이동 생활을 하지 않을 수 없었다.

열매 따기 : 인간의 조상은 본래 나무에서 살았다. 따라서 채집에서도 나뭇가지에 달린 나뭇잎이나 열매를 따먹는 일은 가장 고전적인 방법이었다.

자르개 : 날카로운 돌자르개로 구근을 자르고 있다. 흙에 묻지 않도록 나뭇잎 위에 얹어 놓는 배려가 돋보인다. 엄마를 따라 나온 아이에게는 맛있는 점심 식사가 될 것이다.

쌍코뿔소 시체를 한 무리의 하이에나가 뜯어먹고 있다. 영악한 하이에나의 조직적인 사냥 공세를 벗어날 수 있는 짐승은 거의 없다. 그런데 하이에나보다 더 영악한 놈들이 있다. "와!" 소리를 지르며 달려나와 돌 세례로 하이에나를 쫓아내고 몇 점 안 남은 고깃덩어리를 차지하는 놈들! 바로 인간이다.

가로채기 – 구석기인의 일반적인 사냥법
● 용맹한 구석기 사냥꾼과 맹수의 맞대결을 기대한 독자에겐 유감스럽지만, 단백질을 섭취하기 위한 포유류 사냥은 이처럼 다른 포식 동물이 사냥한 먹이를 가로채는 방법이었을 것으로 짐작된다.

돌멩이와 짐승 뼈, 나무 몽둥이 정도를 든 구석기인이 빠르고 힘센 동물들을 직접 사냥하기란 여간 힘들고 위험한 일이 아니었기 때문이다.

실제로 오늘날에도 원시 생활을 하는 아프리카나 오스트레일리아 원주민을 보면 야생 포유동물을 직접 사냥하기도 하지만, 맹수가 사냥한 사슴이나 말과 같은 초식 동물의 잔해를 얻어먹곤 하는 것을 볼 수 있다.

몰이사냥 – 구석기인의 맹수 사냥법
● 털코끼리와 쌍코뿔소는 각각 추운 지방과 더운 지방에 살던 짐승이다. 이런 짐승의 뼈를 우리 나라에서도 볼 수 있는 것은 빙하기와 간빙기를 오간 구석기 시대의 기후 환경 때문이다. 40만

~60만 년 전의 유적으로 알려진 평안남도 상원 검은모루동굴에서는 물소·원숭이처럼 덥고 습기찬 곳에 사는 동물 화석이 발견되었는데, 그 가운데서도 쌍코뿔소의 수가 가장 많다.

먹을 것이 넉넉하지 않았던 구석기인은 불가피하게 이런 크고 사나운 짐승을 직접 사냥해야 할 때도 있었다. 이때는 물론 목숨을 잃을지도 모르는 위험을 감수해야 했다. 그러나 이럴 경우에도 인간은 위험을 줄이면서 사냥의 성공률을 높이는 방법을 생각해 냈다.

이를테면 털코끼리(매머드)가 지나는 길목에 큰 구덩이를 판다. 그리고 대나무를 뾰족하게 갈아 끝이 위로 가도록 구덩이 안에 박는다. 그리고는 잠복해 있다가 털코끼리가 나타나면 일

제히 소리를 지르며 뛰어나가 불방망이로 위협해 털코끼리를 구덩이 쪽으로 몬다. 구덩이로 떨어진 털코끼리는 사람들의 돌벼락과 곤봉·투창 세례를 받고는 온몸이 만신창이가 된다.

이처럼 조직적이고 지능적으로 이루어지는 몰이 사냥의 한 예는 북아메리카 중부 평원 지대의 수우(Soux)족이 자랑하는 버팔로(들소) 사냥에서도 볼 수 있다.

그들은 먼저 평원에 흩어진 버팔로를 크게 둘러싸고 한 군데로 몬다. 이때 부족 가운데 한 사람이 버팔로 머리와 가죽을 쓰고 버팔로 무리에 섞인다. 순간 사냥꾼들은 소리를 지르며 버팔로 떼를 한 방향으로 몬다. 버팔로로 위장한 사냥꾼은 버팔로 떼의 선두에 서서 벼랑 끝으로 달린다. 버팔로는 선두에 있는 우두머리가 이끄는 대로 움직이는 습성이 있기 때문이다. 위장 사냥꾼은 벼랑 끝에 이르러 옆으로 살짝 비켜난

다. 그러면 무서운 기세로 달리던 버팔로 떼는 그대로 벼랑 아래로 떨어져 죽는다.

기동성 있는 사냥 – 창과 활의 등장 ● 인간이 만화에서처럼 공룡과 함께 산 적은 없었지만, 구석기인이 지금 우리에겐 매우 생소한 털코끼리, 쌍코뿔소 등과 생존 경쟁을 벌였다는 사실은 매우 흥미롭다.

그러나 이들은 빙하기가 끝나 가는 후기 구석기 시대에 이르면 멸종한다. 그리고 이전에 보이지 않던 노루가 등장하는 등 오늘날과 비슷한 동물 구성을 보이게 된다. 사냥 대상이 바뀐 것이다. 노루 같은 사슴류는 사납지는 않지만 동작이 매우 빠르다. 따라서 인간도 점점 기동력 있는 사냥법과 도구를 개발해야 했다. 그리하여 이 시기에는 인간의 더딘 걸음을 보완해 주는 창과 활이 첫선을 보이게 되었다.

⊙ **솔뤼트레 절벽의 사냥 장면**

2만 년 전 프랑스 솔뤼트레 절벽 근처에 살던 구석기인들은 야생 말을 절벽 위로 몰았다. 말들은 뒤에서 밀어닥치는 동료들의 힘을 못 이기고 한 마리씩 절벽 아래로 떨어졌다. 밑에서 기다리던 사람들은 이 말들을 죽여 가죽과 고기를 도려냈다. 이렇게 희생된 말이 무려 10만 마리가 넘었다.

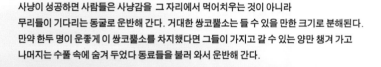

사냥이 성공하면 사람들은 사냥감을 그 자리에서 먹어치우는 것이 아니라 무리들이 기다리는 동굴로 운반해 간다. 거대한 쌍코뿔소는 들 수 있을 만한 크기로 분해된다. 만약 한두 명이 운좋게 이 쌍코뿔소를 차지했다면 그들이 가지고 갈 수 있는 양만 챙겨 가고 나머지는 수풀 속에 숨겨 두었다 동료들을 불러 와서 운반해 간다.

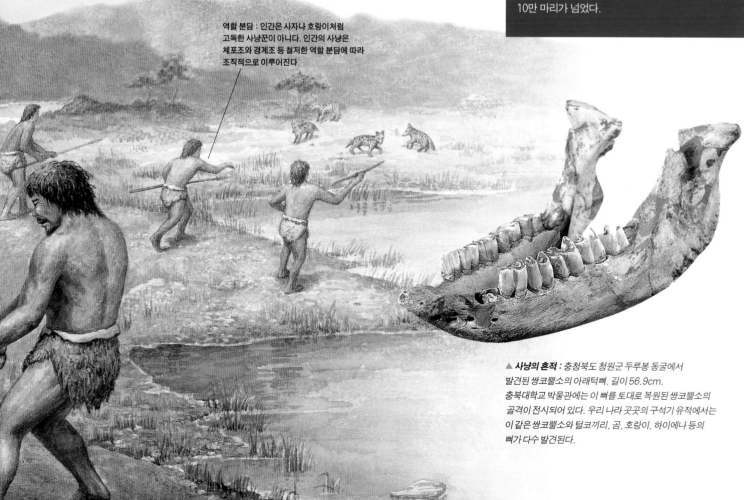

역할 분담 : 인간은 사자나 호랑이처럼 고독한 사냥꾼이 아니다. 인간의 사냥은 체포조와 경계조 등 철저한 역할 분담에 따라 조직적으로 이루어진다.

▲ **사냥의 흔적** : 충청북도 청원군 두루봉 동굴에서 발견된 쌍코뿔소의 아래턱뼈. 길이 56.9cm. 충북대학교 박물관에는 이 뼈를 토대로 복원된 쌍코뿔소의 골격이 전시되어 있다. 우리 나라 곳곳의 구석기 유적에서는 이 같은 쌍코뿔소와 털코끼리, 곰, 호랑이, 하이에나 등의 뼈가 다수 발견된다.

구석기 시대 도구들

선사 시대의 도구였던 석기를 크게 둘로 나누면 구석기 시대에 주로 쓰던 뗀석기와
신석기 시대에 개발된 간석기가 있다. 뗀석기는 자연의 돌을 때려 그 일부를 떼어내
만든 석기이다. 때려서 만드는 석기라는 의미에서 '타제석기'라고도 한다.

석기를 만들 때 재료가 되는 돌을 돌감(blank)이라고 한다. 이런 돌감에는 손을 대지 않은
자연 그대로의 자갈돌(nodule)과 사람의 의도대로 크기와 형태를 떼어낸 박편(flake),
돌날(blade) 등이 있다. 박편은 가장 기본적인 돌감으로서 돌을 때리면 떨어져나오는
일정한 크기의 돌조각을 말한다. 그리고 돌날은 돌을 때리는 기술이 발달하면서
구석기 시대 말기에 나타난 가늘고 긴 박편을 일컫는다.

뗀석기를 만들 때 가장 중요한 것은 이 같은 돌감을 떼어내는 법이며, 그 가운데
가장 간단한 것은 돌을 땅 위의 돌에다 던져서 깨져나오는 조각들을
그대로 사용하는 '던져떼기'이다. 원하는 모양의 돌감을 얻을 수는 없지만 시간이 거의
들지 않는다는 이점도 있다. 그 밖에 시간이 흐르면서 더욱 정교한 석기를 얻을 수 있는
다양하고 지능적인 방법들이 개발되었다.

▲ 뗀석기 제작 도구 : 단양 수양개 유적지에서 발견된 유물로
석기 제작의 흔적을 보여 준다. 모룻돌 위의 덩어리 돌인
석핵과 거기서 떨어져 나온 박편들이 석기가 된다.
석핵은 주로 대형 석기에, 박편은 소형 석기에 이용된다.

찍 개 (chopper)

큼직한 자갈돌의 한쪽 면을 때려낸 외날찍개와 두 면
을 때려낸 양날찍개가 있다. 쉽게 만들 수 있기 때문
에 구석기 시대 전기간에 걸쳐서 널리 사용되었다.
주로 동물의 뼈를 찍어서 골수를 파먹거나 거친 나무
를 다듬는 데 썼다.

뾰족끝 도끼 (pick)

비교적 긴 자갈돌을 한쪽 방향으로 다듬고 끝부분을
날카롭게 마무리하여 만든 석기이다. 단면은 일반적
으로 삼각형 모양이다. 찍개와 마찬가지로 동물의 뼈
를 깨거나 나무 줄기를 으깨는 데 썼다.

▲ 석기로 코끼리 가죽 벗기기 : 석기를 이용하여
코끼리 가죽을 벗기고 근육과 힘줄을 잘라내는
장면이다. 이 실험을 통해 거칠고 무디게만
보이는 석기를 가지고 사냥뿐 아니라 포획한
짐승을 분할, 해체, 가죽을 벗기는 등의 일정한
가공도 가능하였음을 알 수 있다.

긁 개 (side scraper)

돌을 때려내서 나온 박편을 원재료로 하여 잔손질을
하고 날을 세워 만든 석기이다. 비교적 소형이며, 한
쪽 방향으로 날을 세운 것이 대부분이다. 동물의 가
죽을 벗기거나 고기를 저밀 때 사용했다.

밀 개 (end scraper)

긁개로 쓰인 것보다는 좀더 길고 가는 박편을 이용하
여 만들었다. 끝부분에 좌우 대칭으로 날이 있어서
밀어 내는 날로 이용했을 것이다. 나무 껍질을 벗겨
내는 데 효과적인 도구이다.

〈뗀석기 제작법〉

1 _모루떼기

두 손으로 돌감을 쥐고 땅 위에 있는 큰 돌(모루)에 내리쳐 떼어내는 단순한 방법이다. 이 같은 타격에 의해 생기는 박편이나 박편이 떨어져 나간 몸돌을 그대로 사용한다.

2 _직접떼기

한 손에는 돌감을 쥐고 다른 한 손에는 망칫돌을 쥔 다음 손의 힘으로 돌감에 직접 타격을 가하는 방법이다. 이 방법이 발전하면 돌 대신 동물 뼈나 뿔처럼 무른 재질의 망치를 사용하기도 한다.

3 _간접떼기

직접 돌감을 때리지 않고 뼈나 뿔을 이용해서 간접적으로 때려내는 방법이다. 직접떼기에서 더 발전한 방법이다. 보다 정교한 석기의 모양을 만들 수 있다.

4 _눌러떼기

뾰족한 뿔도구로 지속적인 압력을 줌으로써 돌감을 가공한다. 아주 작은 석기에 정교한 잔솔질을 할 수 있는 가장 발달된 방법이다.

주먹도끼 (handaxe)

구석기 시대의 대표적인 도구로서 양면을 가공하였으며, 끝부분만 아니라 주변부에도 날카로운 날이 돌아가면서 있다. 찍는 날과 자르는 날을 다 가지고 있어 구석기 시대의 맥가이버 칼(만능 도구)로 불린다.

가로날도끼 (cleaver)

주먹도끼와 비슷하지만 끝부분에 길쭉한 가로 방향의 자르는 날이 달려 있다. 쓰임새는 주먹도끼와 큰 차이가 없었던 것으로 보이지만, 무엇을 자를 때 주로 사용하였던 것 같다.

다각면원구 (polyhedron)

돌의 여러 면을 때려내서 다각면을 이룬 석기이다. 망칫돌로 쓰인 석기라는 주장도 있지만, 소형 석기를 제작하는 데 필요한 박편을 얻어내기 위하여 때려내고 남은 부분이라는 주장이 일반적이다.

슴베찌르개 (tang-point)

박편의 양쪽을 다듬어 끝부분을 뾰족하게 만들었다. 박편으로 만들어져 주먹도끼보다 훨씬 작다. 자루를 달아 창 따위 찌르는 무기로 사용했을 것이다.

홈날 (notch)

박편 끝부분에 둥글게 오목날을 만들어서 마치 홈이 파인 것처럼 만든 석기이다. 화살대의 나무 손잡이 겉부분을 다듬는 데 사용한 것으로 보인다.

새기개 (burin)

박편이나 돌날의 주변부에 정교한 잔손질을 베푼 다음 끝부분을 크게 때려내서 날카로운 조각기와 같은 날을 만든 석기이다. 정교하게 새기는 작업이나 나무에 홈을 넣는 작업에 썼을 것이다.

구석기 시대 동굴은 추위와 비바람, 그리고 맹수를
피할 수 있는 아늑한 피난처였다. 이곳에서 재충전을 위한
인간의 모든 활동이 이루어졌다.
그러나 동굴은 인간에게만 아니라 동물들에게도
좋은 보금자리였기 때문에 인간은 동굴을 차지하기 위해
불과 무기를 들고 동물들과 치열한 경쟁을 벌여야 했다.

동굴 안팎의 인간 사회

'인간은 사회적 동물'이다. 인간은 사회를 통해서 자신의 목적을 추구하는 유일한 동물이라고도 한다. 머나먼 구석기 시대의 인류도 이러한 인간의 근본 특성을 한치의 오차도 없이 우리와 공유하고 있었다. 동굴 안과 밖에서 이루어지던 그들의 가족 생활과 사회 생활을 들여다보자.

가족 | 동굴 안에서

해가 지면 채집과 사냥에 나섰던 사람들은 하루 일과를 끝낸다. 낮 동안 지친 육체를 달래고 다음날의 노동을 위해서는 휴식이 필요하다. 이처럼 쉴 수 있고, 세대를 이어갈 2세를 낳기 위해 부부가 사랑을 나눌 수 있으며, 세대간에 지식과 경험을 가르치고 함께 나눌 공간이 이들에겐 필요했다. 여기에 가장 알맞은 구석기 시대의 공간이 동굴이었다.

구석기 시대에도 가족이 있었을까 ● 진화의 연속선상에서 인류와 가장 가까운 침팬지 집단은 여러 수컷과 여러 암컷이 성관계를 맺는다. 그러나 부모 세대와 자식 세대 사이에서 성관계가 일어나는 일은 거의 없다.

그렇다면 유인원 상태를 갓 벗어난 초기 인류는 어땠을까? 부모 자식간 근친상간이야 없었다고 해도, 같은 세대의 여러 남자와 여러 여자가 동시에 짝짓기를 하며 무리 생활을 하지는 않았을까?

이 문제를 둘러싸고 지금까지 많은 논쟁이 있어 왔다. 원시 시대에는 가족이란 게 없었고, 여러 남녀가 섞여 사는 무리만 있었다고 주장하는 학자들이 있었는가 하면, 현대 인류학의 주류는 구석기 시대에도 가족, 즉 한 쌍의 부부와 그들의 자식을 중심으로 하는 집단이 인류 사회의 기초 단위였다고 본다.

좀더 자세한 이야기는 특강실의 '모권 사회는 있었을까'를 참조하기 바란다.

불씨를 지켜라 ● 평안남도 상원군 용곡동에 있는 구석기 동굴에서는 인골과 함께 불땐 자리가 다섯 군데나 발견되었다. 이 가운데 큰 것은 지름이 1m가 넘고 주변에는 동물 화석과 석기, 그리고 인류 화석이 있었다.

동굴 한가운데 있는 불자리에 구석기 가족이 둘러앉아 석기로 짐승의 고기를 잘라낸 뒤 불에다 구워 먹는 장면이 상상되지 않는가.

이처럼 불은 인류의 유아기부터 인간 생활의 동반자였다. 불을 사용한 흔적 중 가장 오래된 것은 약 50만 년 전의 베이징 저우커우뎬 유적이지만, 인류는 아마도 그 이전부터 불에 대한 동물적인 두려움을 떨쳐 버리고 이를 적극 이용했을 것이다.

그러나 '불을 찾아서'란 영화에서 끊임없이 불씨를 찾아다니는 모습처럼, 구석기 시대의 거의 전기간에 걸쳐 인간은 아직 인공적으로 불을 피우는 단계에 이르지는 못한 것 같다. 그들은 자연에서 채취한 불을 동굴 안 화덕에서 금이야 옥이야 보관했을 것이다.

그리고 이 불로 짐승을 쫓고 고기도 구워먹었다. 또 불은 밤을 밝혀 주고 추위를 녹여 주었다. 불 덕분에 인간의 활동 시간은 훨씬 늘어나고 다양해졌으며, 아프리카처럼 더운 지방에만 살던 인류가 한반도처럼 비교적 추운 지방까지 진출하게 되어 활동 영역도 전지구로 넓어졌다.

옷 입은 원시인 ● 인류가 옷을 입은 것은 추위와 더위뿐만 아니라 험한 자연물로부터 피부를 보호하기 위해서였다. 가장 연약하고 소중한 피부인 생식기를 가리는 데서 시작해 인류의 옷은 점차 발전해 왔다.

구석기 '패션'의 주류는 가죽옷이었다. 날 가죽을 말려서 입으면 오그라들고 딱딱하므로 가죽을 부드럽게 만드는 가공법이 점차 발전하였다. 살점을 깨끗이 긁어낸 가죽을 못이나 끈으로 고정시켜 잘 말린 다음, 납작한 돌에 기름을 묻혀 가며 여러 차례 문지르면 얇고 부드러운 가죽 옷감을 얻을 수 있다. 늦어도 후기 구석기 시대에는 이처럼 정교한 가죽 가공법이 보편화되었을 것이다.

◉ 옷 만드는 여인

스칸디나비아 반도 극지방에서 전통 생활방식을 유지하며 사는 랩족의 여인이 순록 가죽을 말리고 있다. 구석기 시대에 동굴 앞에서 가죽옷을 만들던 여인의 모습이 지금 이 여인과 얼마나 달랐을까?

잔치로 지샌 밤이 가고 아침이 밝았다. 밤새 머리를 맞대고 의논한 결과 오늘은 그 동안 정든 동굴을 떠나기로 했다. 마흔 고개를 넘었지만 아직도 정정한 지도자를 중심으로 모두들 이사 준비에 여념이 없었다. 남자들은 맹수의 습격에 대비해 돌과 뼈로 만든 창과 돌칼 등을 챙기고, 여자들은 아이를 들쳐업고 화덕의 불씨를 챙긴다. 이제 또 어디로 가야 하나?

이동의 운명 ● 자연은 구석기인에게 동굴 집을 공짜로 사용하게 해 주지만, 어느 시기가 되면 어김없이 집을 비워 달라고 독촉한다. 어떻게 독촉하느냐고? 집 주변에서 채집과 사냥으로 조달할 수 있는 먹을거리가 떨어지면 다른 곳으로 갈 수밖에 없으니, 그것이 나가라는 독촉이 아니고 무엇이랴!

구석기 시대에는 아무리 인구에 비해 풍족한 동식물이 서식했다고 해도, 동굴을 중심으로 한 한정된 지역에서 30~50명이 오랫동안 먹고 살기는 쉽지 않았다. 게다가 몹쓸 병이 돌거나 흉포한 짐승이 나타나 사람들을 해치기라도 하면 그곳에서 버티고 살 재간이 없다. 따라서 구석기인 무리는 식량을 찾아서든 재난을 피해서든 떠돌아다닐 운명을 타고났다.

추운 겨울을 만나 더 이상 견딜 수 없을 때는 가족 단위로 뿔뿔이 흩어지기도 했을 것이다. 부디 살아남아 파릇파릇한 봄 새싹이 날 때 다시 만나자고 약속하면서.

집을 떠나며 ● 구석기인 무리가 살았던 동굴은 평안남도 상원 용곡동 동굴, 충청북도 단양 금굴 같은 천연 동굴이 대부분이었다.

그러나 이런 동굴집에서도 챙겨 가지고 가야 할 세간살이는 있었다. 이동 중에도 당장 써야 할 불씨는 물론이고, 땀흘려 만든 석기나 뼈도구도 챙겨 가야 했다. 뿐만 아니라 이동 생활 중에 먹을 최소한의 식량도 있어야 했다. 그런데 구석기 유적 중에는 두만강변의 웅기 굴포리 유적이나 한탄강변의 전곡리 유적처럼, 한 군데에서 수많은 도구들이 발견되는 경우가 있다. 이동 중이었든 더운 철에 야외로 나온 것이었든 이런 곳에서 며칠이라도 머물기 위해서는 어떻게 해야 했을까?

동아프리카 탄자니아의 올두바이 계곡 유적은 이 의문을 말끔히 씻어 준다. 무려 185만 년 전까지 거슬러 올라가는 이 유적에서는 당시 인류가 돌을 둘러놓아 인공 집을 만든 흔적이 남아 있다. 주로 동굴에서 살던 구석기인도 이처럼 돌이나 생나무를 사용하여 피난처를 만들 정도의 건축 기술은 있었다.

동굴에 남긴 보물들 ● 오늘날 우리는 이사 갈 때 벽에 걸린 미술품을 반드시 챙긴다. 하지만 구석기인은 설령 그러한 미술품이 있다고 하더라도 떼어 갈 수가 없었다. 동굴 벽에다 바로 그렸기 때문이다.

어떤 고전 미술 작품에 비겨도 결코 손색이 없는 에스파냐의 알타미라 동굴 벽화나 프랑스의 라스코 동굴 벽화가 대표적인 예이다. 현대인의 경탄을 자아내는 이 구석기 시대의 예술품들은 오늘날 집에 걸려 있는 미술품 같은 사치품이 아니었다.

쉽게 접근할 수 없을 만큼 깊숙한 동굴 안쪽에 자리잡은 점이나, 말·순록·사슴·들소 따위 사냥감들을 그려 놓은 점 등으로 미루어 볼 때, 이 벽화들에는 구석기인의 주술적인 바람이 담겨 있다는 것을 쉽게 짐작할 수 있다.

이사를 떠나기에 앞서 동굴 가족은 불을 켜고 이 벽화 앞에 모였을 것이다. 그리고 전에 그랬던 것처럼 그림 속의 동물들이 다른 곳에 가서도 잘 잡히기를 한마음으로 기원했을 것이다. 이처럼 구석기인에게도 예술은 있었고, 그것은 오늘날 우리보다 훨씬 더 생활에 밀착되어 있었다.

구석기인의 이동은 계절을 따라 이루어진다. 그들은 오랜 경험으로 어느 때 어느 곳에 가면 어떤 먹을거리가 있다는 사실을 알고 있었다. 그러나 목적지에 이르는 과정에는 많은 위험이 도사리고 있었다. 이처럼 잦은 이동은 구석기인의 자녀 출산을 가로막았으며, 이동 중에 아이를 낳다가 죽는 경우도 적지 않았다.

이동의 지도자 : 지리에 밝고 이동 경험이 많아 식구들을 잘 이끌 만한 사람이 지도자가 된다. 지도자는 나이든 사람, 아이들, 임산부도 고려하여 무리하지 않게 여행 경로와 일정을 잡아야 한다.

운반 도구 : 구석기 시대에는 그릇이나 가방 같은 운반 수단이 없었다. 대신 가족 포대 같은 것을 만들어 등에 지고 다녔을 것이다.

죽은 이여, 편히 잠드소서 ● 동굴 가족은 동굴 안에 묻힌 할아버지에게 기도를 드린다. "이제 다시는 이곳을 볼 수 없겠지. 그러나 그분을 잊지는 말자. 그분이 거기 묻혀 있음으로 해서 우리들이 한 집단임을 느끼고 단결할 수 있었던 것이 아닌가?"

장례 풍습은 구석기 중기인 5만~6만 년 전, 네안데르탈인을 비롯한 호모 사피엔스가 시작한 것으로 알려져 있다. 다른 나라 예를 보면 이라크 샤니다르 동굴에 한 어린아이가 꽃으로 덮인 채 묻혀 있는 것이라든지, 프랑스 르무스티에 유적에 머리를 팔로 받친 10대 소년이 묻혀 있는 것을 들 수 있다.

죽은 이를 애도하고 자신의 삶을 돌아보는 장례 의식이 생겨난 것은 인간 정신이 새로운 단계로 올라섰음을 뜻한다. 이제 동굴 가족은 죽은 이를 가슴에 묻고 새 삶을 찾아 먼 길을 떠날 것이다.

◉ 우리 나라 구석기인도 장례를?

뇌의 크기 1200~1300cc, 키 110~120cm.
만 5~6세 정도로 추정되는 이 작은 아이의 뼈(흥수아이)는 1982년 말 충북 청원 두루봉 유적의 흥수굴에서 충북대학교 발굴단에 의해 발견되었다. 발굴단은 고고학적 유물과 층위로 보아 이 인골이 구석기 시대의 것이며, 매장 풍습을 보여주는 획기적인 자료라고 발표하여 고고학계에 큰 파장을 불러 일으켰다. 발굴 보고에 따르면, 죽은 어린아이를 묻은 다음 주위에 꽃을 뿌렸다는 이라크 샤니다르 동굴 유적의 예와 같이 흥수아이 주변에서도 국화꽃을 뿌린 것으로 짐작되는 꽃가루가 나왔다고 한다.

우리 나라 구석기 시대에도 매장 풍습이 있었다는 증거가 될 수도 있는 이 유골을 비롯, 구석기 시대 유물 유적에 대한 연구가 진전되어 구석기 장례 문화의 비밀이 풀려 나가기를 기대해 본다.

장례 : 다시는 볼 수 없는 죽은 자의 무덤에 한 떨기 꽃송이를 바치고 떠난다. 무덤은 애도의 대상인 동시에 공동체 구성원들의 결속을 다지는 상징이기도 했다.

▲ **서울 암사동 움집 주거지** : 남한의 대표적인 신석기 집자리 유적. 1925년 대홍수 때 처음 발견되었으며, 발굴은 1967년 이후부터 이루어졌다.
기원전 6000년경부터 기원전 1000년경까지로 추정되는 우리 나라 신석기 시대에 사람들은 이런 움집을 짓고 마을을 형성하였다. 130군데나 되는
우리 나라의 신석기 유적지는 대부분 이곳처럼 큰 강가, 해안가, 호숫가, 섬 등 물가에 자리잡고 있다.

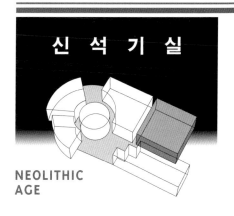

신 석 기 실

NEOLITHIC
AGE

돌과 흙에 남겨진 혁명

수백만 년 동안 돌멩이를 깨뜨리기만 하던 사람들이 마침내 그것을 갈아서 쓰기 시작한 것,
그리고 수백만 년 동안 음식물을 보관하는 데 애를 먹던 사람들이 그것을 담아 둘 질그릇을
만들기 시작한 것— 이것은 인류 역사를 송두리째 바꾸어 놓은 대혁신이었으며,
수백만 년 동안 수많은 사람들이 피와 땀을 흘린 결과였다. 그런데 일단 그것이 일어나자,
그로부터 인류가 컴퓨터를 만들 수 있기까지는 채 1만 년도 걸리지 않았다.

사실 간석기(갈아서 만든 석기)와 토기(질그릇)를 발명해 낸 이 1만 년 전의 인류는 뇌의
크기가 현대인보다 1cc도 작지 않다. 원시인들이니까 침팬지보다 조금 낫겠거니
생각했다가는 큰코 다친다. 만약 당신이 당시 사람과 똑같은 조건에서 아이큐 검사를
받는다면, 인류학자들은 당신이 더 나을 거라는 장담을 할 수 없다고 말한다.

이 호락호락하지 않은 원시인이 돌과 흙을 주무르면서 자연을 호령하기 시작한 것은
구석기 시대의 혹독한 자연 환경이 누그러드는 것과 때를 같이한다.

1만 년 전, 마지막 빙하기가 막을 내렸다. 북쪽의 얼음이 녹아 내리면서 남쪽의 강과 바다가
불어나 수면이 높아졌다. 따뜻한 공기와 풍부한 물 때문에 숲 속에는 전에 없던 각종 식용
열매들이 열렸다. 불어난 물 속의 물고기들은 아무리 잡아도 그 자리로 다시 몰려들었다.
이젠 식량을 찾아 옮겨 다닐 필요가 없는 정착 생활을 할 수 있게 된 것이다.

한 곳에 터를 잡은 인류는 더 많은 시간을 도구와 기술을 개발하는 데 투자하였다. 토기와
간석기의 사용, 직조법 개발 등 많은 진보가 잇달아 이루어졌지만, '신석기 혁명'의 정수는
뭐니뭐니해도 농경의 시작이었다. 쟁기와 보습으로 땅을 갈고 씨를 뿌리면 뿌린 것보다
훨씬 많은 곡식이 때맞추어 자라났다. 그것은 자연의 전매 특허였던 '생산'의 비밀을 이제
인류가 움켜쥐었다는 것을 뜻한다. 다만, 일찍 농경을 시작한 서아시아나 이집트와 달리
우리 나라 신석기인들은 아직 본격적인 농경에 착수하지는 않았다. 그들은 관목과 풀들을
불태워 화전을 일구는 원시 농경에 머무르고 있었지만, 움집을 짓고 간석기와
빗살무늬토기를 끊임없이 개량하면서 새로운 생활 환경을 개척해 나갔다.
그 신생활 개척의 현장으로 여러분을 안내하겠다.

움집 : 정착 생활이 시작되면서
인간은 견고하고 실용적인 보금자리를
직접 짓기 시작하였다. 움집은
우리 나라 최초의 인공 주택이었다.

원시 농경 : 관목과 풀들을 태우고
밭을 일구었다. 한번 사용한 밭은
다시 쓸 수 없어 내년에는 다른 풀밭을
개간해야 했다. 신석기 시대 농경은
이와 같은 이동식 농경이었다.

집짐승 기르기 : 야생 동물을 잡아서
먹던 것에서 집짐승으로 길들이기
시작한 것은 농경의 시작과 더불어 혁명적
변화였다. 개와 돼지가 집짐승이 된 것도
바로 이때부터였다.

채집 : 구석기 시대에
전통 생업이었던 채집은
신석기 시대에도 여전히
식량을 얻는 주된
수단이었다. 특히 가공
기술의 발달로 도토리는
신석기인이 즐겨 먹는
음식이 되었다.

신석기 마을 사람들

여기는 기원전 2천여 년 경의 조용하고 한가로운 신석기 시대 씨족 마을. 큰 강이 둥글게
돌아 나가면서 쌓아 놓은 모래톱 위에 원추형의 작은 움집들이 마을을 이루고 있다.
마을 앞 습지에서는 원시 농경이 이루어지고, 강가에서는 고기잡이가 활발하다.
마을에는 잡다 기른 개와 사슴 따위가 뛰놀고, 숲에서는 아이들이 나무 열매를 따고 있다.
그러나 이 마을이 언제나 이처럼 평화롭지만은 않았다. 한번은 큰불도 났었다. 열 채가
넘는 움집들 중 하나에서 솟아오른 불길은 빠르게 이웃집으로 번져 갔다.
"불이야!" 하는 소리에 자다 말고 뛰쳐 나온 사람들 속에서 누군가 이렇게 중얼거렸다.
"우리가 불을 제법 다룰 줄 알게 됐다고 오만해진 데 대한 경고야."
그렇다! 그것은 신석기 '문명'에 대한 대자연의 경고였다. 신석기인은 자연에서 불씨를
건져 오지 않아도, 화덕의 불씨를 지키지 않아도 얼마든지 불을 켰다 껐다 할 수 있게
되었다. 인간의 손으로 거대한 자연의 힘을 좌지우지할 수 있게 된 것이다.
이 화재는 그런 신석기인의 '오만'을 비웃은 대사건이었다. 물론 거기서 주저앉을
신석기인은 아니다. 자연을 좀더 신중하게 다루자는 교훈을 얻을망정 자연에 두 손 들기엔
아직 젊고 혈기왕성한 그들이었다. 그들은 곧 정신을 차리고 불끄기 작전에 들어갔다.
그들은 질그릇에 물을 담아 와서는 타오르는 불길을 향해 뿌렸다. 물을 담을 수 있는
이 질그릇이 얼마나 대단한 물건인지, 그것으로 인해 인간의 품격이 얼마나 높아졌는지
우리는 곧 알게 될 것이다. 이웃 마을 사람들도 불기둥을 보고 뛰어와 불 끄는 것을 거들었다.
적어도 이렇게 협력할 줄 알기에 신석기 인류에겐 미래가 있었다. 두 마을의 합동 작전에도
불구하고 불은 움집 세 채를 태우고 나서야 간신히 꺼졌다. 마을 사람들은 곧 씨족 회의를
열고 사태의 원인과 대책을 논의했다. 협동심과 창의력으로 신석기 문명을 일으킨
사람들의 자존심에 적잖은 상처를 준 화재 사건……. 그러나 그들은 모든 것을 털고
일어나 다시금 그림에서 보는 것과 같은 삶의 터전을 새로 일으켜 세웠다.
　이 마을의 신석기인이 상처를 잘 딛고 더욱 힘차게 살아가길 빌며,
　본격적으로 그들 삶의 현장 구석구석을 탐방해 보기로 하자.

삶의 여유 : 식량을 비교적 손쉽게 구할 수 있게 되면서 예술과 문화도 발전했다. 강가에 앉아 있는 이 사람은 당대의 시인이었을까?

고기잡이 : 이 시기에는 고기잡이가 주업이어서 새로운 고기잡이 도구들이 많이 개발되었다. 한꺼번에 많은 고기를 잡을 수 있는 그물은 신석기 시대 어부들에게 가장 인기있는 도구였다.

정착지 일터에서

자연을 잘 관찰하면 인간의 먹을거리는 대개 일정한 장소에서 주기적으로 나타나는 것을 알 수 있다. 그 시기를 알아내고 적절한 도구를 사용해 먹을거리를 확보할 수 있다면 인류는 이동 생활을 청산할 수 있다. 고기잡이, 가축기르기, 농사짓기라는 새로운 노동 방식과 간석기라는 새로운 도구가 이것을 가능하게 했다.

고기잡이 | 물이라는 식량의 보고

움집 마을 부근에는 대개 강이나 바다가 있었다. 당시 물 속에는 먹을 것이 넘쳤다. 기후의 변화와 함께 찾아온 풍부한 조개류와 물고기들은 아무리 잡아먹어도 줄어들지 않았다.

이들은 새로 등장한 영양 식품으로 인류의 식단을 한층 풍요롭게 했을 뿐 아니라 안정된 식량 공급원으로 자리매김되면서 우리 나라 신석기인이 정착 생활을 할 수 있도록 도와 준 일등 공신이었다.

정착 생활의 보증 수표, 그물 낚시 ● 물고기를 대량으로 잡으려면 그물 낚시가 제일이다. 질긴 섬유로 촘촘하게 짠 그물과 이 그물을 물 속에 가라앉히는 추 같은 첨단 도구를 과연 신석기인이 만들었을까?

신석기 시대의 그물 자체는 남아 있는 게 없으니 이 시대에 그물 낚시는 아직 일렀을까? 부산 동삼동이나 함경북도 서포항 등에서 발견된 돌멩이들은 '아니다'라고 외친다. 이 돌멩이들

을 유심히 살피면, 한쪽 끝에 둥글게 판 홈이 보인다. 신석기인은 바로 이 홈에 그물을 매달아 물 속에 가라앉혔다. 이 돌멩이가 바로 그물추다. 수천 년 전에도 동삼동, 서포항 등에서는 어깨에 큰 그물을 메고 행진하는 젊은이들의 함성이 울려퍼지고 있었을 것이다.

뼈작살 : 미늘이 여러 개 달려 있어 고기가 한번 걸리면 빠져 나갈 수 없다. 물고기나 짐승의 뼈를 깎아서 만들었으며, 때로는 세 개의 촉을 함께 붙여 효과를 높이기도 한다.

통발 : 대나무 같은 것을 가늘게 쪼개 만든 도구로, 입구가 안으로 들어갈수록 좁아져서 고기가 들어갈 수는 있어도 나올 수는 없도록 되어 있다. 흐르는 물에 가만히 설치해 두면 고기가 저절로 들어가서 갇힌다.

그물을 이용한 고기잡이 : 물가의 사람들은 긴 그물을 펴서 고기를 막고 있고, 깊은 쪽 사람들은 고기를 몰아 주고 있다. 양끝 사람들이 좁혀 가며 그물을 모아 고기를 잡는다. 그물 아래쪽에는 어망추가 달려 있어 그 무게로 그물이 펼쳐진다.

▲ **그물무늬토기** : 부산 동삼동 패총에서 출토된 그물무늬 토기 조각. 의도적으로 표면에 그물을 찍어서 무늬를 만들었다. 중간중간에 매듭 자국이 선명하게 찍혀 있는 것으로 보아 아주 촘촘한 그물임을 알 수 있다.

작살과 낚시 ● 처음에는 맨손으로 물고기를 잡았다. 그러나 물고기는 자꾸 손 사이로 빠져 나갔다. 이런 물고기를 더 효과적으로 잡는 방법을 생각한 끝에 나온 것이 그 동안 사용해 온 돌촉에 긴 막대를 연결하여 만든 작살이었다. 돌작살은 만들기는 간편하지만 물고기가 다시 빠져 나가는 경우가 많았다. 이를 방지하기 위해 작은 돌조각을 나무에 박아서 삼각형의 미늘을 만들거나, 짐승의 뼈와 송곳니를 이용해서 더 효과적인 작살을 만들었다.

그 다음으로 발명한 것이 오늘날까지 고기잡이 도구의 대명사로 통하는 낚시였다. 낚시에 미끼를 달아 물고기를 유인하는 방식은 질적인 비약이라 할 수 있다. 보이지 않는 곳의 물고기까지 잡을 수 있었기 때문이다. 그러나 만드는 법이 몹시 까다로웠다. 돌을 재료로 갈고리 모양의 낚시를 만드는 것이 불가능했기 때문이다.

신석기인은 기둥과 미늘을 따로 만든 다음 끈으로 묶어 사용함으로써 이 같은 재료의 제약을 극복했다.

▲ **어망추** : 신석기 시대 어구 가운데 가장 많이 발견되는 유물이다. 납작하고 둥근 돌멩이지만 가운데 잘록한 부분이 있어 그물을 맬 수 있다. 그물 아래에 매달며, 그물 끝자락이 가라앉도록 한다.

▶ **결합식 낚시** : 한반도에서 주로 사용되었던 독특한 낚시이다. 대롱은 돌로 되어 있고 미늘은 날카로운 뼈로 되어 있다. 모양을 만들기 어렵고 또 깨지기 쉬운 돌재료의 단점을 보완한 지능적인 낚시로, 신석기인의 지혜를 엿볼 수 있다.

무엇을 낚았을까 ● 손은 만능 도구였다. 물고기뿐 아니라 바닷가에서 조개나 굴을 채집하기도 하고, 때로는 잠수해서 해초나 소라, 전복 등을 따기도 했다. 조개 외에 강이나 바다에서 낚은 물고기나 물짐승도 다양했다. 동삼동에서는 도미, 대구, 농어, 감성돔, 뼈가오리 등 우리에게도 낯설지 않은 물고기 화석이 수십 종 발견되었다. 또 배를 타고 나가 고래나 상어처럼 큰 물짐승을 사냥하기도 했다. 울산 바위그림의 고래잡이 장면은 이때 성행한 고래잡이를 생생하게 보여 준다.

창과 활로 무장한 신석기 시대 사냥꾼들이 잔뜩 긴장한 채 호랑이를 노려보고 있다. 그 옆에는 인간이 기르는 개가 당장이라도 뛰어나갈 듯한 자세로 웅크리고 있다. 그 앞에는 또 다른 가축인 멧돼지가 가련하게도 밧줄에 묶인 채 호랑이를 유인하는 미끼로 쓰이고 있다. 먹이를 향해 어슬렁거리며 다가가는 호랑이 앞에는 교묘한 함정도 있다. 사냥 도구와 사냥법이 한층 발전하고 짐승을 여러 목적으로 기르는 목축이 시작된 시대상의 한 단면이다.

목축은 안정된 식량 확보의 청신호 ●

함경북도 범의구석 유적에서는 멧돼지 이빨로 만든 화살촉이 출토되었고, 근처 서포항에서는 화살촉이 꽂힌 멧돼지 다리뼈가 출토되었다. 이곳에 살던 신석기인은 사냥한 멧돼지 이빨로 화살촉을 만들어 또 다른 멧돼지 사냥에 나섰던 것이다. 죽은 멧돼지로 산 멧돼지를 잡은 이런 방식은 나아가 멧돼지를 집에 잡아 두고 새끼 멧돼지를 낳게 하는 방식으로 발전해 갔다.

평안남도 궁산 유적에서는 100마리 이상의 영양 뼈가 발견되었는데, 이것은 영양을 사냥한 흔적이라기보다는 목축을 했던 자취일 것이다.

물론 아직까지 신석기 유적에서 발견된 짐승뼈는 들짐승 뼈가 훨씬 더 많다. 그러나 이 시대에 초보적인 목축이 시작된 것은 분명하며, 이로 말미암아 신석기인은 먹을거리를 훨씬 더 안정적으로 구할 수 있었다.

사냥도 훨씬 효율적으로 ●

이제 사냥은 더 이상 공포의 생존 게임이 아니었다. 먼 거리에서도 맹수를 효과적으로 공격할 수 있는 무기가 잇따라 실용화되고 있기 때문이었다.

신석기인은 왼쪽 아래 보이는 돌촉을 나무 막대 끝에 매달아 창으로 썼다. 이 무기는 후기 구석기 시대에 발명되었지만, 본격적으로 사용된 것은 신석기 시대의 일이었다. 도망가는 노루를 인간의 발은 뒤쫓아갈 수 없지만 창은 가능했다. 씩씩거리며 달려드는 멧돼지를 인간의 힘으로는 쓰러뜨리기 어렵지만 창은 그것을 가능하게 해주었다.

활과 화살도 구석기 시대 후기에 개발되었으나, 이때 비로소 실용화되었다. 이 신형 도구가

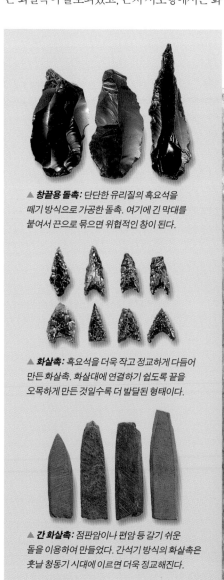

▲ **창끝용 돌촉:** 단단한 유리질의 흑요석을 떼기 방식으로 가공한 돌촉. 여기에 긴 막대를 붙여서 끈으로 묶으면 위험적인 창이 된다.

▲ **화살촉:** 흑요석을 더욱 작고 정교하게 다듬어 만든 화살촉. 화살대에 연결하기 쉽도록 끝을 오목하게 만든 것일수록 더 발달된 형태이다.

▲ **간 화살촉:** 점판암이나 편암 등 갈기 쉬운 돌을 이용하여 만들었다. 간석기 방식의 화살촉은 훗날 청동기 시대에 이르면 더욱 정교해진다.

울산시 반구대의 바위그림에는 선사 시대에 사냥과 고기잡이를 주로 하며 살던 사람들의 생활상이 잘 나타나 있다. 그 바위그림 중에는 사슴 같은 순한 짐승을 미끼로 묶어 두고 호랑이 같은 맹수를 유인하는 것처럼 보이는 그림도 있고, 올가미라든가 목책 같은 것으로 짐승을 잡거나 막는 그림도 있다. 여기서는 이 같은 바위그림에 근거하여 선사 시대 사람들이 미끼, 함정 같은 지능적인 수단에다 사냥개까지 동원하여 호랑이 사냥에 나서는 장면을 묘사해 보았다.

사냥의 안전성과 효율성에 기여한 공로는 창에 비할 바가 아니었다. 화살은 탄력 있는 나무에 질긴 짐승의 힘줄을 매달아 날카로운 화살촉을 날려 보낸다. 창보다 훨씬 멀리, 훨씬 힘차게 날아가 나는 새까지 잡는 보배가 아닐 수 없었다.

이러한 강력하고 새로운 도구들 덕분에 곳곳의 신석기 시대 마을에서는 사냥이 대유행이었다. 마을마다 움집 입구에는 사냥 도구들이 질서정연하게 놓여 있었다. 용감무쌍한 젊은이들은 평소에 이러한 무기들을 잘 손질해 두었다가 사냥철만 되면 벌떡 일어나 사냥에 나섰다.

신석기 시대에 사냥감 1위는 사슴과 멧돼지였고, 사향노루와 산양도 적지 않게 잡았다. 그런데 언제인가부터 사냥꾼들의 선두에 사람 아닌 짐승이 달리면서 사냥감을 쫓기 시작했다. 그것은 인간이 사육하기 시작한 최초의 동물, 개였다.

최초의 가축은 개 ● 개는 어떤 이유에선지 언제인가부터 생태계에서 도태되었다. 그런 개들이 들판을 어슬렁거리다가 사람들 앞에 나타나기 시작했다. 그러더니 사람 손에 들려 있는 고기와 뼈를 넘보았다. 사람들은 처음에는 그냥 녀석을 쫓아 버리거나 잡아먹곤 했다. 그러던 어느 날, 누군가 무릎을 탁 치며 말했다.

"녀석에게 먹이를 주어 키우면 어떨까?"

이렇게 시작된 목축은 자연의 영역에 대한 도전이었다. 자연이 키워 내던 동물을 인간이 키워서 잡아먹게 된 것이니까.

이러한 목축은 전세계 신석기인이 보편적으로 하던 '산업'이었으나, 우리 나라에서는 비교적 늦게 시작되었다. 그리고 그 첫번째 대상이 바로 개였다.

개는 주로 다른 짐승을 잡는 사냥개로 사육되었다. 그 다음으로 가축이 된 것은 돼지로서 이 짐승은 그때나 지금이나 주로 식용이었다. 노동력을 제공하는 소와 말이 가축 목록에 오른 것은 그 다음이었다.

창 : 신석기 시대에는 목재 가공법이 발달하면서 석기에 목재를 연결한 도구들이 많이 개발된다. 작은 돌도구에 긴 손잡이를 연결한 창은 돌도구의 사용 가치를 극대화한 것이다. 목표물과 멀리 떨어져 찌르거나 던지면 안전하고 효과적으로 목표물에 타격을 가할 수 있다.

활과 화살 : 궁산 유적에서 출토된 많은 새뼈들은 이 시대에 활과 화살로 날짐승까지 잡을 수 있었다는 것을 말해 준다.

멧돼지 : 인간에게 잡혀 집짐승으로 길들여지기 시작한 멧돼지는 주로 식량으로 이용되었지만, 이와 같이 맹수 사냥의 미끼로도 쓰였다.

개 : 서포항, 농포리, 궁산 부락 등지에서 많은 개뼈가 출토되었다.

씨족 공동체 마을의 삶

지금 우리는 어떤 사람이 남보다 훨씬 더 많은 재산을 모으면 영웅이 되는 사회에 살고 있다. 사유 재산의 침해는 사회 질서에 대한 도전으로 여겨진다. 그러나 한때는 남보다 많은 재산을 모으는 것이 도리어 사회 질서를 뒤흔드는 일로 간주되던 사회가 있었다. 적은 생산물이나마 다 함께 나누고 모든 문제를 함께 결정했던 공동체가 있었다. 여기 그런 공동체의 삶이 있다.

신부 : 우리 나라 신석기 시대의 씨족 사회가 모계제였다면, 신부는 화려하게 차려 입고 자기 마을에서 신랑을 맞이했을 것이다.

신부 마을의 촌장 : 모계제 사회에서는 마을의 큰어른인 여성의 남자 형제가 그 마을의 중심에 서서 공동의 일들을 꾸려 나갔다.

잔치 음식 : 공동체 사회에서 혼인은 모든 사람이 함께 먹고 즐기는 마을의 축제였다.

이웃 마을의 산랑이 신부가 살고 있는 마을로 혼인식을 올리러 오는 장면이다.
신석기 시대에는 혼인의 범위가 점점 좁아져 씨족 내 혼인이 금지되었다.
그리고 이 시기부터는 비록 쉽게 헤어질 수 있었지만 한 쌍의 남녀가 일정한 기간
부부 생활을 하기 시작하였다.

혼 인 | 암사동 신부, 미사리 신랑

뜻깊은 날, 암사동 마을 앞 공터에서 성대한 혼인식이 열린다. 이 마을 씨족 사회에 또 하나의 가족이 탄생하는 순간이다. 신석기 공동체에서 혼인은 개인이나 가족의 경사일 뿐 아니라 마을 전체의 경사이다. 모두들 오늘만은 일손을 놓고 한자리에 모인다.

행사는 이웃 미사리 신랑이 마당으로 들어서면서 시작된다. 팔찌를 두르고 온갖 장신구로 한껏 멋을 부린 신랑을 앞세우고 일행이 들어선다. 마을 사람들이 소리를 지르기도 하고 나무막대를 부딪쳐 소리를 내기도 하면서 환영하는 가운데 혼인식은 절정으로 치닫는다.

피로 뭉친 씨족 마을 ● 무리를 지어 옮겨 다니던 인간 사회는 신석기 시대에 접어들면서 한 곳에 정착해 살게 되었다. 한 곳에서 함께 일하더라도 생산물이 사회 구성원 전체를 먹여 살리고도 남을 정도가 되었기 때문이다.

이처럼 인간이 오래도록 한 곳에 정착 생활을 하게 되면서 그들은 하나의 지역 집단을 형성하게 되었다. 그렇게 한 지역에 같은 사람들이 모여 살게 되면 그 구성원들은 필연적으로 모두 친척이 되게 마련이다.

이웃 마을에서 온 신랑과 그 친구들 : 이들이 예물로 들고 온 짐승은 신부를 사는 혼납금 이라기보다는 혼인을 축하하는 선물로 보아야 한다.

우리는 이렇게 지연과 혈연으로 뭉쳐진 집단을 씨족 사회라고 부른다.

지금도 우리는 성(姓)을 말할 때 '경주 김씨', '해주 최씨' 등으로 어느 지역 출신임을 밝힌다. 이것이야말로 지연과 혈연으로 뭉친 씨족 사회의 전통이 남긴 흔적이 아닐까?

우리끼린 안 돼 ● 한 사내가 태어난 마을에서 쫓겨나 세상을 떠돌아다닌다. 그러다가 우연한 기회에 다른 마을로 들어가 그 마을 여자와 혼인한다. 그런데 뒤늦게 알고 보니 그 여자는 사내의 어머니였다. 사내를 낳았을 때 좋지 않은 점괘가 나와 강물에 떠내려보냈는데, 그 아이가 온갖 인생 유전 끝에 이렇게 살아 돌아와 끔찍한 사태가 벌어진 것이다.

이 이야기는 옛날부터 근친상간이 얼마나 공포의 대상이었던가를 잘 말해 주는 그리스의 오이디푸스 신화이다.

그러나 이것이 남의 나라 신화 속에나 나오는 이야기만은 아니다. 우리 나라 신석기 촌락을 포함하여 대부분의 씨족 사회에서는 구성원들이 서로 피를 나눈 혈육으로 생각하여 자기들끼리는 혼인하지 않으려 했다. 씨족 내부에서는 오이디푸스의 경우 같은 극단적인 부모-자식 간 근친상간은 물론이요 같은 또래 남녀끼리의 혼인도 극구 피했다.

이처럼 씨족 내부에서 배우자를 찾지 않았던 이유는 무엇일까? 많은 학자들은 근친상간이 유전적으로 열등한 2세를 낳기 때문이라고 분석한다. 이러한 분석은 과학적인 근거가 있을 뿐만 아니라 경험적으로도 그 정당성이 확인되고 있다. 혈연 집단끼리 근친혼을 하다가 열등한 자손을 배출한 사례는 인류 사회 곳곳에서 발견되기 때문이다.

그러나 씨족 바깥에서 배우자를 찾는 신석기 시대 이래의 관습을 '근친혼 금기'라는 생물학적, 유전학적 이유에서만 찾을 수는 없다. 같은 씨족 공동체의 구성원끼리 혼인하게 될 경우, 그 공동체의 질서가 유지될 수 없다는 사회적 이유도 매우 중요하다. 실제로 이스라엘의 노동 공동체인 키부츠의 예를 들면, 그 속에서 공동체 의식을 갖고 남매처럼 자라난 남녀는 생물학적으로는 혈육이 아니면서도 서로 결혼하지 않는 경향이 있다고 한다.

암사동 신부와 미사리 신랑의 만남. 이처럼 서로 다른 씨족끼리 혼인하는 것을 씨족 외혼(外婚)이라고 하며, 이것이 적극 장려되었다. 오늘날 우리 사회에서 동성동본끼리 혼인을 할 수 있느니 마느니 하고 논쟁이 벌어지는 것도 이같은 씨족 사회 이래의 외혼 장려 관습에 그 뿌리가 있는 것으로 볼 수 있다.

⊙ 역사 속의 근친혼 (近親婚)

이집트의 클레오파트라는 자기 집안의 남자들하고만 여러 번 결혼했다. 이것은 그녀가 별나서가 아니라 이집트 왕실에 전통적으로 내려오던 왕실 내혼(內婚) 관습에 따른 것이었다.

이처럼 고대 문명이 충분히 발달한 이집트 왕실에서 근친혼이 성행한 것을 보고 이전 시대에는 근친혼이 일반적이었을 것이라고 말하는 사람들이 있다. 그러나 이집트의 근친혼은 석기 시대 관습의 흔적이라기보다는 지배 권력을 왕족들끼리 계속 가지려는 '문명적' 관습으로 보아야 한다.

그런데 근친혼을 할 경우, 그 집단의 평균 수명은 근친혼을 하지 않는 경우보다 짧다고 한다. 근친혼이 이루어졌던 또 다른 집단에서도 마찬가지였다. 이런 집단에서 혈우병 등 유전적인 질병이 많이 나타나는 것도 근친혼과 무관하지 않다고 하는 것을 보면, 근친혼이 실제로 문명적이지 않은 관습인 것은 분명하다.

주
거
기

혼인해서
을 짓고는
세월 정착
튼튼한 집

구석기
원시적인
구석기 시

한 땅속 집
집을 움집

움집은 S
대 의 집
30cm~1
다. 땅을
바닥을 불
럼 땅을
붕을 만들
지하나
만, 땅속집
을 파서
아 주고,
어내 따뜻
바깥보다
큰 우리
었다. 따
신석기 시
형태였던

움집 가
그 가운데
섯 평 남
모여 살았

▶ **활비비:**
그 위에 송곳
나무에 비비
불을 피울 수
여러 가지가
선사유적지

움집 마을 사람들은 혈연으로 맺어진
하나의 큰 가족인 씨족이다.
그러나 씨족원들의
권리와 임무는 관습적으로
엄격히 지켜졌다.
씨족 마을에는 최고 기관으로
씨족 회의가 있으며 이 회의를 통해
마을의 크고 작은 일들이 결정되었다.
그림은 초여름 씨족 회의가
열리고 있는 모습이며,
가운데 늙수그레한 남자가 이 마을
촌장이다. 촌장은 회의를 주도하지만
결정권을 갖는 것은 아니다.
모든 문제는 구성원들의 합의에 따라
민주적인 방식으로 처리되었다.

"뿌웅—! 뿡!"
땅거미가 지고 있는 암사동 움집 마을에 뿔고둥
소리가 메아리친다. 전령을 맡고 있는 젊은 남
자가 고둥을 불며 이 집 저 집을 돌아다니며 외
치고 있다.

"마을 회의가 열립니다! 여러 어르신께서는
어서 마을 앞 공터로 모여 주세요!"
씨족 마을은 개인의 사유재산이 없는 공동체 사
회이다. 모두가 함께 일하고 함께 나누는 것
이 이 마을의 기본 원칙이다. 따라서 생활
상의 문제는 대부분 씨족 구
성원이 모두 참여하는 씨족

회의에서 다루어지게 마련이다.
그 원칙이 어떻게 지켜지는지 한 씨족 마을의
예를 들어서 살펴보자.

왜 일도 안 했는데 나눠 줘? ● 이 마을의
이웃한 두 여인, 뚝심이(가명)와 순심이(가명)는
사이가 좋지 않다. 지난해에는 순심이네가 새집
을 지으려고 '찜'한 곳에 뚝심이가 딸네 집을 짓
겠다고 나서는 바람에 싸움이 벌어지기도 했다.
그러더니 이번엔 마을 공동 작업으로 채집을
나갔다 온 뒤 나물이며 열매를 나눠 갖는 문제
로 두 집이 맞붙었다. 순심이는 아들 둘을 모두
미사리로 장가 보내고 지금은 늙은 남편을 빼면
두 딸하고만 살고 있었다. 그래서 이번 채집에
는 순심이만 참가하고 딸들은 아버지와 함께 마
을을 지켰다. 그런 순심이네에게도 남들과 똑같
은 양을 나눠 주려 하자, 뚝심이가 불만을 터

50

뜨렸던 것이다.

"순심이네는 일도 별로 안 했는데 왜 똑같은 양을 받죠? 이건 평등의 원칙을 깨는 겁니다!"

뚝심이가 외치자, 옆에서 "옳소!" 했다.

"무슨 소리! 아니, 그러면 여자만 있는 집은 굶어죽으라는 소린가요? 마을에서 토기를 굽고 아이를 지키는 일은 일이 아니랍니까?"

어려서부터 순심이하고 소꿉 친구로 지내온 떡대가 순심이 편을 들었다. 그러자 이번엔 여자들이 "옳소!" 하고 외쳤다.

이번에도 정리는 촌장 몫이었다. "남보다 사정이 좋아서 더 많은 일을 했다고 더 많은 재물을 주면, 그것도 평등의 원칙에는 맞지 않소. 어느 누가 남들보다 잘살거나 못살게 되면 우리 마을은 깨지는 거요. 그러니 순심이네를 적게 줄 수는 없지 않소? 대신 뚝심이의 공을 인정해서 내일 토기 만드는 공동 작업에는 참여하지 말고 쉬도록 하는 게 좋겠소."

모두들 고개를 끄덕였다. 서로 흘겨보는 순심이와 뚝심이만 빼고.

누가 내 재산 좀 덜어 줘 ● 겨울이 돌아왔다. 집집마다 찬바람이 들지 않도록 틈새를 메우고 그 동안 열심히 모아 놓은 도토리며 나무 열매, 고기들을 잘 재워 두느라 쉴 틈이 없었다.

오늘 씨족 회의의 주제는 지난 한 해 동안 늘어난 마을 재산을 총결산하는 일이었다. 움집은 모두 열 채가 늘어났고 마을 공동의 저장 움도 다섯 군데에서 여덟 군데로 늘었다. 집집마다 살림살이도 홍수가 났던 지난해에 비하면 제법 풍족해진 편이었다.

그런데, 한 가지 문제가 생겼다. 워낙 열심히 일한 탓인지 뚝심이네 재물이 다른 집에 비해 너무 많아졌던 것이다. 아무리 그때그때 공동 분배를 한다고 하지만, 일한 성과에 따라 좀더 받기도 했고 따로 일을 해서 생긴 작업 도구나 먹거리가 쌓이기도 했기 때문이었다.

사람들은 모두 순심이네 눈치를 살폈다. 순심이네 재산이 둘이라면 뚝심이네는 셋일 정도로 많았기 때문이다.

"어떻게 한다? 뚝심이네가 그 재물을 그냥 갖고 있도록 할 수는 없고…… 순심이네한테 나누어 주어서 두 집이 같아지도록 할까?"

이번엔 촌장도 선뜻 자신 있는 해답을 내놓지 못하고 망설였다. 뚝심이가 약간 부어오른 얼굴로 순심이를 곁눈질

했다. 오랜 생각 끝에 촌장이 순심이를 불러 내더니 함께 자기 집으로 들어가서 상의를 했다. 한참 뒤 촌장과 함께 돌아온 순심이는 차분한 말씨로 의견을 내놓았다.

"우리가 가진 게 좀 적긴 하지만 겨우내 먹고 살 만큼은 돼요. 그 동안 분배가 불공평했던 것도 아니잖아요? 뚝심이네 남는 재물을 우리한테 다 주는 건 지나치고 마을의 모든 분께 조금씩 나눠 주면 되지 않을까요?"

뚝심이는 처음엔 '쟤가 왜 저러지?' 하는 고까운 표정으로 순심이를 바라보았다. 그러나 사람들이 순심이 말에 고개를 끄덕이는 걸 보고는 마음을 고쳐 먹었다. 그리고 특유의 호탕한 음성으로 사람들에게 말했다.

"좋아요. 그러면 이렇게 합시다. 제가 남는 음식물이며 그릇 등을 내놓을 테니까 우리 모두 잔치를 벌입시다. 일한 만큼 대가를 받는 건 좋은 일이지만, 그렇다고 남들보다 더 많은 재물을 갖고 있으면 우리 마을의 질서도 깨지고 제 마음도 무겁죠."

모두들 박수를 치며 뚝심이를 칭찬했다. 마을에 어둠이 깔리자, 사람들은 곧 잔치를 벌일 생각에 뛰는 가슴을 누르며 집으로 돌아갔다.

◉ 이뉴잇 마을의 노래 대결

이뉴잇은 '사람'이란 뜻으로 에스키모들이 그들 스스로를 일컫는 말이다. 이뉴잇 공동체는 분쟁을 해결하는 독특한 방식을 가지고 있다.

분쟁의 당사자들은 상대방을 조롱하면서 자신의 견해를 다소 부풀린 노래를 만들어 마을 회의에 참석한다. 그리고 마을 사람들 앞에서 노래를 주고받는다. 노래 속에는 상대방에 대한 노골적인 비난, 음탕한 풍자, 빈정거림, 의도적 곡해, 익살 등이 들어 있다.

이 같은 노래 '소송' 과정에서 카타르시스 효과가 나타나 당사자들의 분은 상당히 풀린다. 그리고 노래가 오고 가는 가운데 누가 옳고 누가 근거 없는 분풀이를 했는지 당사자들과 전체 마을 사람들 사이에서 차차 분명해진다.

이러한 노래 대결은 법도 국가도 없는 선사 공동체 사회에서 사람들 사이에 생길 수 있는 문제를 풀어간 방식에 대한 흥미로운 예가 아닐 수 없다.

장례 | 이젠 죽어서도 외롭지 않아요

마을 사람들의 정신적 지주였던 촌장 할아버지가 죽었다. 오늘은 그분의 장례식. 변두리 양지바른 곳에 마을 사람들이 모두 모였다.

장례는 언제나 슬프다. 그러나 언제 후손들이 떠나갈지 모르는 동굴에 묻혔던 구석기인에 비하면, 후손들이 대대로 살아갈 마을에 묻히는 촌장 할아버지는 행복하다.

장례는 언제나 마을의 큰 행사이고 성대한 의식으로 치러진다. 촌장의 장례식이라고 해서 특별히 더 성대하지는 않다. 그러나 마을에 큰 자취를 남기고 간 촌장 할아버지는 특별히 기억될 것이다. 어쩌면 죽지 않고 이 마을의 수호신으로 영원히 살아남을지도 모른다.

▲ **후포리 무덤 유적** : 경상북도 울진군 후포리에서 발굴된 신석기 시대의 무덤. 동해 바닷가 언덕에 자리잡은 지름 4m 안팎의 무덤으로 한 번 사람을 묻은 위에 또 다른 사람을 묻는 일이 여러 차례 반복되었다. 매장 방식에 관해서는 죽은 사람을 구부려 묻은 굴장이라는 설과 풍화된 유골을 수습해 묻은 세골장이라는 설이 맞서고 있다.

우리를 지켜 주세요 ● 가족들이 지켜보는 가운데 마을 장정들이 모여 묘터 바닥을 편평하게 고르고 그 위에 깨끗이 씻어 놓은 유골을 얹는다. 이 바닥 밑에는 먼저 간 할머니의 유골이 묻혀 있다. 나중에 뒤따라갈 가족들도 모두 이곳에 함께 묻힐 것이다.

가족들은 눈물을 주체하지 못하고 슬피 울며 망자의 주위에 그가 평소 사용했던 물건들을 놓아 준다. 먼저 돌도끼, 돌칼, 화살촉이 가지런히 놓였다.

"할아버지, 죽고 나면 사람이 없어지는 게 아니라 다른 세상으로 간다고 하셨죠. 여기 할아버지께서 잘 쓰시던 물건을 넣어 드려요. 이걸로 그곳에서 멧돼지도 잡으시고 나무를 찍어 움집 짓는 데도 쓰세요."

그리고 토기에 먹을 것도 담아 시신의 머리맡에 놓는다.

"할아버지, 저 세상 가는 길에 꼭 가지고 가시다가 배고프면 꺼내 드세요."

마지막 이별 순간. 마을 사람들 모두가 한 명씩 망자에게로 다가가 명복을 빈다. 어떤 사람은 꽃을 얹어 주고 어떤 사람은 고인이 아끼던 치레거리를 놓아 준다.

이제 바쁘게 생활하다 보면 죽은 이는 어느덧 잊혀질 것이다. 하지만 길을 지나다 가끔씩 이 봉분을 바라보면 모두들 죽은 이의 생전 모습을 아련하게 떠올리곤 할 것이다. 그러면서 우리 모두가 한 조상에게서 나와 한 핏줄을 나누어 가진 공동운명체란 사실을 새삼 깨닫게 될 것이다.

머리는 해가 뜨는 동쪽으로 ● 무덤은 사람의 뼈를 추려 묻은 방식이나 껴묻을거리의 종류 등으로 그 시대 사람들의 주술 체계나 신앙 세계를 들여다볼 수 있는 중요한 유적이다.

우리 나라에서 발견된 몇 안 되는 석기 시대 무덤들로 미루어 볼 때, 석기인은 내세를 믿고 죽은 자를 통해 공동체의 풍요를 비는 주술 체계를 갖고 있었던 것으로 보인다.

우리 나라 석기 시대 무덤 유적은 춘천 교동, 통영 연대도, 그리고 울진 후포리(위 사진) 등지에서 발견되었다. 연대도에서는 발찌를 찬 남자를 비롯한 열 구의 무덤이 발견되었고, 교동에서는 세 사람이 발을 중앙으로 향한 채 수레바퀴 모양으로 묻혀 있었다.

이처럼 석기 시대 무덤의 특징은 여러 사람을 함께 묻었다는 것이다. 병에 걸려 가족이 함께 죽은 것일 수도 있고 시기를 달리하여 한 곳에 묻은 것일 수도 있다. 여하튼 이 같은 가족 무덤은 공동체 생활을 했던 신석기인의 끈끈한 혈연 의식을 엿볼 수 있는 유적이라고 할 수 있다.

또 한 가지는 시신의 머리가 대개 동쪽을 향해 있다는 것이다. 이는 머리를 북쪽에 둔 삼국 시대와 대비되는 특징이다. 이 같은 특징은 해가 뜨는 동쪽을 신성하게 여긴 데서 나온 풍습으로 해석되고 있다.

이제 이 마을의 촌장 어른은 동쪽으로 가서 그곳에 사는 신들과 함께 이 마을을 내려다보며 후손들을 지켜 줄 것이다.

장례는 촌장이나 제사장(샤먼)이 주관하며, 가족들과 친척들은 슬피 울며 돌도끼와
토기 등 각종 껴묻을거리를 유골과 함께 묻어 저 세상 가는 길의 명복을 빈다.
그림에서는 고인의 시체를 한데 놓아 두어 살점이 완전히 떨어져 나간 뒤에
뼈만 따로 추려 묻는 세골장의 경우를 택해, 동해안의 울진 후포리에서 새벽부터
아침까지 장례가 이루어졌다는 가정 아래 신석기 시대 장례식을 재현해 보았다.

특별전시실

SPECIAL
EXHIBITION

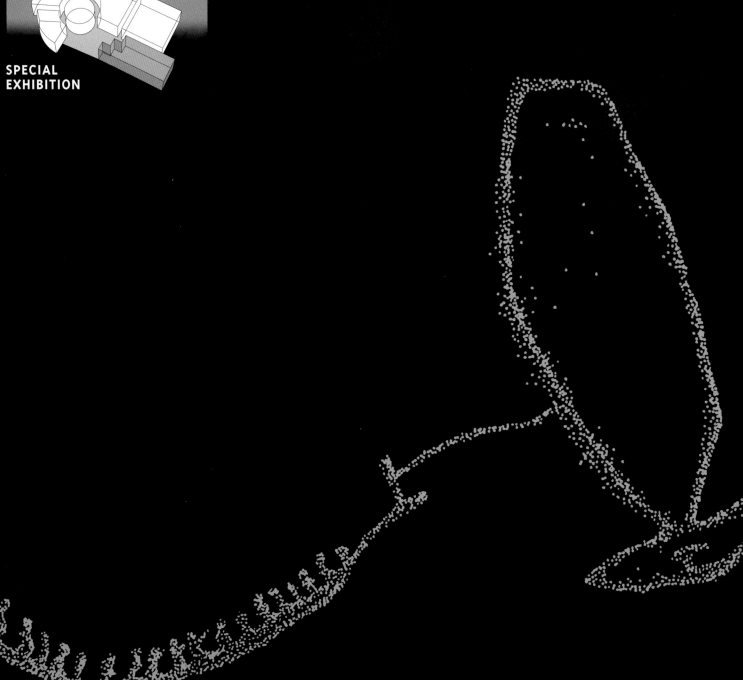

바위는 말한다

'선사 시대'라는 말은 역사 이전의 시대라는 뜻이다. 이때 역사라는 말은 구체적으로 문자 기록을 가리킨다. 구석기인과 신석기인이 자기들의 문자 기록을 남기지 않았다는 점에서 이 말은 옳다. 그러나 우리가 '역사'를 '시간 속에서 펼쳐지는 인간 사회의 변화 및 발전의 과정'이라고 본다면, 그들을 '선사, 곧 역사 이전의 사람들'로 일컫는 것은 옳지 않다. '구석기실'과 '신석기실'에서 볼 수 있는 것처럼, 그들도 자연적·사회적 환경에 대응하면서 자신들의 역사를 개척해 나갔기 때문이다.

나아가 여기 특별전시실에서 보여 주는 장대한 유물을 보면, '선사인'들이 역사 기록을 남기지 않았다는 말도 다시 생각해야 할지 모른다. 기록을 '글로 된 기록'으로만 좁혀 보지 않는다면, 울산시 대곡리의 반구대에 새겨진 거대한 바위그림은 우리 나라 '선사인'의 삶의 역정을 고스란히 담은 최고급 역사 기록이기 때문이다. 높이 약 3m, 길이 약 10m에 이르는 바위에 가득 담긴 3백여 점의 그림들은 하나하나가 『사기』나 『조선왕조실록』의 명문들 못지않게 자기 시대의 역사를 생생하게 증언하고 있다.

이처럼 대단한 유산은 오랜 세월 잊혀져 있다가 인근의 댐 공사로 영원히 수장될 뻔한 지난 1970년대 초 우리 앞에 나타났다. 뒤늦게 발견된 만큼 그에 대한 연구도 아직 진행 중이라서 우리는 이 바위그림이 언제 그려진 것인지 정확히 알 수 없다. 학자들에 따라 신석기 시대부터 철기 시대까지 그 연대에 대한 추정의 폭이 대단히 넓다. 그러나 이 바위그림이 다른 식으로는 말이 없는 '선사인', 특히 사냥과 고기잡이를 주업으로 하고 살았던 사람들의 생활상을 웅변해 주고 있다는 점에서 『한국생활사박물관』 선사생활관의 특별전시실에 올린다.

울산시 울주군 언양읍 대곡리 산 234-1번지 태화강변에 자리잡은 '반구대(盤龜臺)'는 높이 약 70m, 너비 약 20m에 이르는 바위 절벽이다. 바위그림이 새겨진 곳은 그 중 물에 가까운 아래 부분이다. '반구대'는 거북이가 납작 엎드린 모양의 바위란 뜻으로, 1968년 울산 공단의 용수 공급을 위한 사연 댐이 인근에 건설되면서 1년 열두 달 물에 잠기게 되었다. 다행히 그 직후인 1971년 갈수기 때 바위그림이 우연히 발견된 뒤 여러 학자들의 노력으로 그 문화적·역사적 가치를 인정받아 국보 285호로 지정되었다. 그러나 이 국보 그림은 오늘도 여전히 불어난 태화강 물 속에서 잠자고 있다.

대곡리 바위그림의 고래잡이

반구대 바위그림이 언제 그려진 것인지는 확실치 않지만, 이 걸작이 아주 오랜 세월 동안 이 지역에 살았던 사람들에 의해 대를 이어 창작된 것은 분명하다. 이 사람들이 고래에 대해 대단히 해박한 지식을 가지고 있었고, 고래 사냥이 그들의 주된 생업이었다는 것도 분명하다. 고래 사냥은 여름이 제철이다. 따라서 우리는 기원전 어느 하지(夏至) 날로 돌아가 고래 그림이 선명하게 새겨진 반구대 앞에 모여든 이 마을 사람들을 만나 보기로 하자.

반구대는 북향이기 때문에 하지 같은 여름날 아침이 아니면 쉽게 햇볕을 받을 수 없는 곳이다. 그러니까 당시 화가들은 어두운 바위 면에 달라붙어 오늘처럼 해가 비칠 때를 기다리며 작업을 해왔을 것이다. 반구대 바위그림은 페인트로 칠하는 그림이 아니라 날카로운 도구로 바위 면을 긁어서 새기는 일종의 '부조'이다. 더구나 오른편에 보이는 그림들은 돌칼로 선을 그어 형체를 만들기만 하면 되는 게 아니라 판화처럼 형체에 해당하는 부분을 끌 같은 것으로 파내는 방식으로 이루어졌다. 바위그림의 높이가 3m 가까이 되니까 맨 위에 새겨진 '춤추는 샤먼' 같은 그림은 틀림없이 사다리까지 동원해야 했을 것이다. 따라서 이 그림들은 상당한 재주를 가진 그림꾼들이 조직적으로 달려들지 않고서는 결코 나올 수 없는 작품이었다.

무엇을 위해 그 힘든 작업을 했을까? 그림을 보면 이 마을 사람들은 여름에는 주로 고래 사냥을 하고 살았던 게 틀림없다. 공동체의 성격상 바위그림을 그리는 작업은 마을 사람들 모두의 성원 속에 그들의 염원을 담는 일이었을 것이고, 그 염원이란 고래 사냥의 풍요로운 수확이었을 것이다. 그리고 마치 제막식이라도 하듯 어둠에 가려 있던 바위그림에 햇빛이 비치는 하지가 돌아오면 그 그림 앞에 모여 풍어제를 지냈을 것이다. 그림을 보고 한번 상상해 보자.

반구대 앞 강바닥에는 해뜨기 전부터 수십 명의 마을 사람들이 모여든다. 절벽 아래 제단처럼 생긴 바위 턱에 서 있던 제사장이 춤을 추면서 바위그림을 향해 풍요로운 수확을 기원한다. 그러고 나서 준비된 음식을 나눠 먹고 한바탕 춤판을 벌인 뒤 모두들 고래잡이 배에 오른다.

한편 이렇게 그려진 바위그림은 새로 자라나는 세대에게 고래에 관한 지식과 고래 잡는 기술을 교육하는 교재로도 톡톡히 역할했을 것이다. 그리고 세월이 흐른 뒤에는 먼 조상과 후손들을 정신적으로 연결해 주는 가교 역할을 하면서 끊임없이 재창작되었을 것이다.

어떻게 내륙까지 고래들이 들어왔을까?

고래는 비교적 얕은 바다를 좋아하는 물짐승으로 유럽에서는 신석기 시대에 비로소 바위그림에 나타나지만, 얕은 해변에 올라온 고래를 잡은 예는 구석기 시대에도 있었다고 한다. 지금도 장생포와 한강 등으로 거슬러 들어오는 고래를 잡기도 하는데, 수천 년 전에는 그림에서 보듯이 울산 앞까지 바다를 이루어 고래가 태화강변까지 거슬러 올라올 수 있는 지형적 요인을 갖추고 있었다.

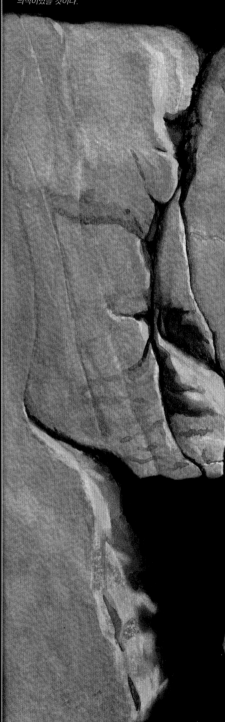

거북
바다거북 세 마리가 춤추는 남자를 따라 움직이는 모습은 상징적이다.
「구지가」나 수로부인 전설 같은 고대 민간 설화에서 볼 수 있는 것처럼
거북은 아주 옛날부터 풍요와 다산의 상징으로 해안 지방에 널리
알려져 있었다. 거북의 머리는 그 신축성과 함께 남자의 성기를
상징하고 움츠린 모습과 몸통은 여자의 성기와 자궁을 상징하여
신비로운 생산력을 나타내 주는 영물로 여겨졌다.

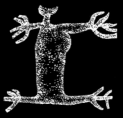

팔과 다리를 벌리고 있는 여자
이 그림은 사냥의 신. 여자 무당 등 다양한 해석이 있지만. 왼쪽
춤추는 사먼의 아내로 가정하면 재미있는 해석이 가능하다.
알래스카 티커라미우트족은 고래 사냥에 앞서 갖는 의례에서 족장 부인이
매우 중요한 역할을 한다. 이러한 현상은 여러 곳에서 목격된다.
따라서 우리는 팔과 다리를 벌린 이 여자가 사먼의 부인으로 풍어제에서
어떤 역할을 수행하고 있다고 추측할 수 있다.

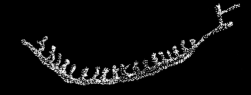

고래잡이 배
20명이 타고 가는 이 배는 고래와 연결되어 있다. 연결된 선은 배에서
던진 작살처럼 보인다. 당시 사람의 키를 160cm 정도로 보면 배의
길이는 약 18m에 이른다. 통상 고래잡이는 이렇게 큰 배보다는 5~10명
정도를 태운 배가 여러 척 동원되어 이루어지므로. 이 그림은 고래잡이의
성공을 비는 주술 배라고 보는 견해도 있다.

하늘을 향해 오르는 고래 떼

반구대에는 각종 고래가 사실적이고 역동적으로 그려져 있다. 새끼를 업은 왼쪽 고래와 작살에 맞은 오른쪽 고래는 귀신고래, 물을 뿜고 있는 가운데 세 마리는 긴수염고래로 보인다. 이 바위는 2세들에게 고래 식별법과 잡는 법을 가르치는 학교였을 것이다. 고래들이 하늘을 향해 오르는 모습은 주술적인 의미가 있다.

새끼 밴 암사슴과 활 든 사냥꾼

이 시대에도 겨울이 오면 사냥을 했다. 특히 사슴은 고기, 심줄, 가죽, 뿔 등 활용 가치가 높은 사냥감으로 꼽힌다. 사냥꾼은 손에 활 같은 무기를 들고 옆구리에도 활통이나 물통으로 보이는 물건을 차고 있다.
사슴은 동북아시아 사냥꾼들에게 우주 동물로서 하늘과 땅, 지하 세계를 연결하는 신의 심부름꾼으로 여겨져 왔다. 이 그림의 새끼 밴 암사슴도 다산과 풍요를 기원하는 상징으로 보인다.

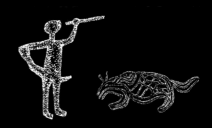

멧돼지와 성기 내민 사냥꾼

마치 상대에게 달려들듯 웅크리고 있는 멧돼지의 자세가 자못 위협적이다. 그 앞에 선 남자 역시 남성의 상징을 곧추세우고 한 손에 몽둥이 같은 무기를 든 자세가 결코 만만치 않다. 멧돼지 사냥의 교본으로 그려진 것이 아닐까 하는 추측도 있다. 멧돼지의 웅크린 모습에서 이미 잡은 멧돼지를 길들이는 장면으로 해석하는 견해도 있다.

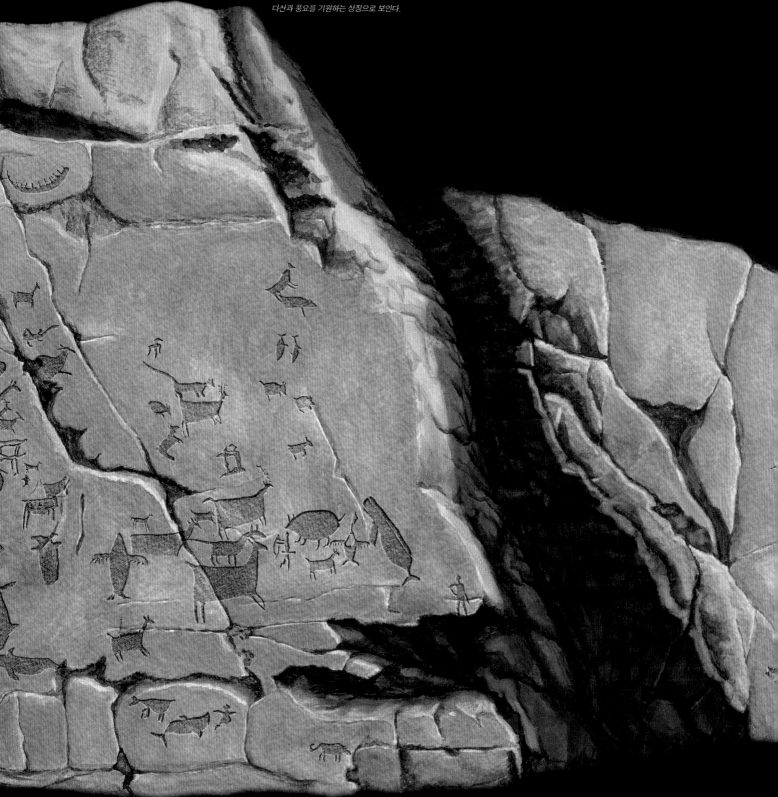

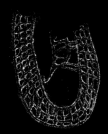

사냥 장면(그물로 잡는 방법)

이 그물은 매우 단단한 섬유질로 엮어 만든 것 같다.
머리 부분이 깨어져 없어지고 꼬리와 네 다리만 보이는 짐승은 이 초강력
망으로 잡은 맹수이다. 짐승의 내장까지 표현할 만큼 치밀해진 반구대
사람들은 이처럼 지능적인 방법으로
사냥을 한 단계 발전시켰다.

사냥 장면(유인해서 잡는 방법)

다른 그림과 달리 여기 등장하는 사슴과 호랑이의 몸에는 점들이
새겨져 있다. 어떤 이는 이 점들을 그 짐승의 급소로 보고 사냥 교육을
위해 표시한 것이라고 해석한다. 그러나 더 많은 사람들이 이를 반점으로
해석하여 사슴은 사향노루, 호랑이는 표범으로 본다. 어쨌든 사슴을
미끼로 묶어 놓고 맹수를 유인하는 작전이 생동감 있게 드러난 수작이다.

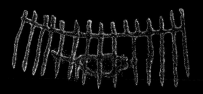

맹수 방어용 또는 가축용 나무 울타리

울타리 안에 가두어 기르는 짐승일까, 아니면 맹수를 방어하기 위한
울타리 밖에서 어슬렁거리는 호랑이일까? 어쩌면 맹수를 몰아서 잡기
위한 울타리일 수도 있다. 이 같은 그림이 다른 뭍짐승 그림에서는
나타나지 않았던 것으로 볼 때, 이 울타리의 등장을 이 지역
수렵 사회의 기술과 지혜가 그만큼 진보했음을 알려 주는 증거로
추측하는 견해도 있다.

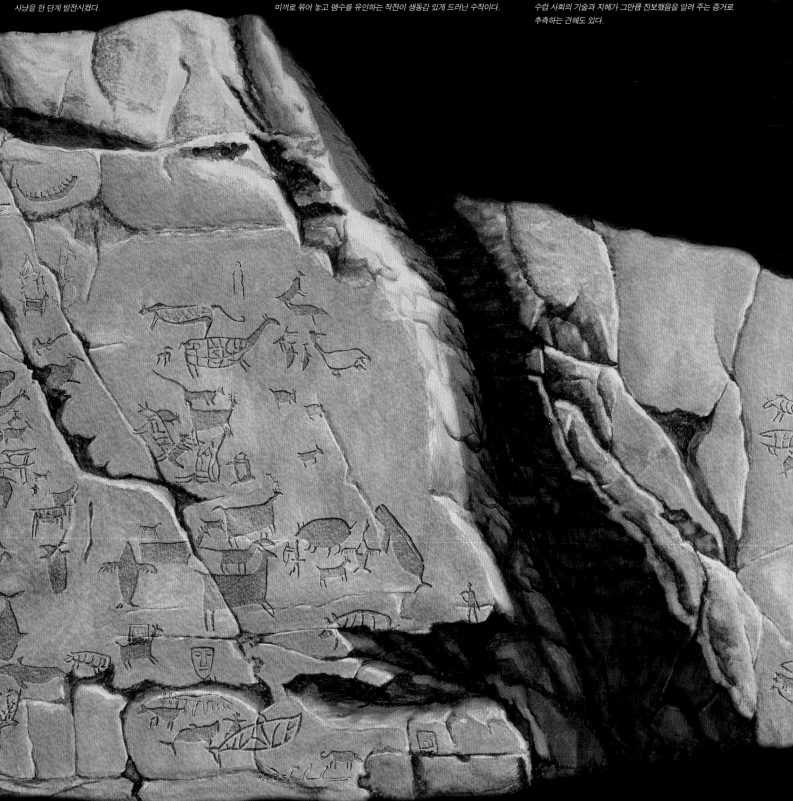

세계의 바위그림

바위그림이란 말 그대로 바위에 그려진 그림이다. 바위그림은 특정한 지역에만 분포하는 것이 아니라 대서양 연안에서부터 아프리카, 스칸디나비아, 아시아, 오스트레일리아, 아메리카 등 과거 인류가 살았던 곳이라면 어디든지 어김없이 발견된다. 우리 나라의 바위그림은 바위에 그림을 새긴 암각화가 대부분이지만 바위그림의 기법은 다양하다. 돌에 그림을 직접 새긴 것과 필요 없는 부분을 제거함으로써 원하는 형상을 드러낸 것, 그리고 새김 없이 바로 채색한 것 등이 있다. 바위그림은 제작한 사람들의 정신세계와 일상생활의 모습을 담고 있어 문자가 없던 선사 시대의 생활상을 이해하는 데 중요한 자료가 된다.

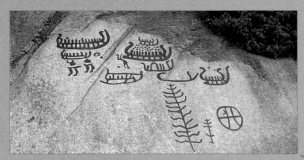

노르웨이 - 솔베르그 바위그림
노르웨이의 강한 해양성 문화를 보여 주는 그림이다. 가운데 보이는 배의 길이는 457cm이다. 먼저 쪼고 갈아서 형상을 만든 다음, 그 위에 물감으로 칠을 한 이른바 '질충식' 기법을 이용하였다.

러시아 - 에니세이 강변 말라야 바야르스카야 바위그림
통나무집과 유목민의 천막집(유르타), 솥과 물통 등 주거지와 가재도구들이 그려져 있다. 바위그림 가운데 집이나 가재도구가 그려진 것은 다른 곳에서 발견되지 않는 독특한 예이다.

러시아 - 미누신스크 쉬쉬카 바위그림
말이나 사슴을 타고 있는 사람을 비롯하여 다수의 왜곡된 동물 형상이 그려져 있다. 몇몇 형상들 가운데는 붉은 물감이 칠해진 것도 있다. 이것은 그림이 신앙의 대상이 되었다는 증거이다.

러시아 - 페취세 강변 살라비요프스카야 바위그림
거대한 환상의 동물이 그려져 있다. 이와 같은 환상의 동물은 태양이나 선의 세계에 대항하는 지하 혹은 악의 세계를 상징하고 있다고 한다. 그 밖에도 이 그림 속에는 세 개의 얼굴 그림과 몇 마리의 다른 동물 형상이 새겨져 있다.

몽골-오브르한가이 아이막 팔로 바위그림
그림 속에는 소, 말, 산양, 늑대 등의 형상이 그려져 있다. 각 동물들의 표현 양상이 서로 다른 것으로 보아 각기 다른 시기에 제작된 것으로 보인다. 위의 두 마리의 말과 소는 야생의 동물을 그린 것이고, 아래의 말은 이미 가축화되어 이용되고 있는 모습을 그린 것이다.

러시아 - 레나 강변 쉬쉬키노 바위그림
신석기 시대부터 초기 철기 시대에 이르기까지 다양한 종족들이 자신들의 문화적특색을
반영한 형상들을 남겨 놓았다. 이 그림 속에는 당시 이 지역에서 활동하였던 쿠르이칸족의
전사들이 표현되어 있다.

러시아 - 아무르 강변 사카치알란 바위그림
다수의 사람 얼굴 형상을 비롯하여 사슴, 배 등이 그려져 있다. 현지에 살고 있는 나나이족들은
아직까지도 일부 얼굴 그림을 악령의 얼굴로 이해하여 두려워한다고 한다. 특이한 것은 강변에
그려진 그림임에도 불구하고 물고기 형상이 한 점도 없다는 점이다. 일부 연구자들은 이 그림을
신화와 결부시키기도 한다.

한국 - 울주 천전리 바위그림
한반도에서 가장 오래된 그림으로, 오랜 세월에 걸쳐 제작된 것이다. 그림 속에는
자연주의적인 형상의 사슴이나 물고기, 반수인, 동물 등이 그려져 있고, 마름모꼴, 타원형,
지그재그 등 기하학적인 도형도 새겨져 있다.

한국 - 함안 도항리 바위그림
무수한 바위 구멍과 더불어 여러 겹으로 이루어진 동심원들로 구성되어 있다. 일부 연구자는
이것을 밤하늘의 별로 풀이한다. 아제르바이잔이나 시베리아의 아글라호트이 바위그림에서도
유사한 형상의 그림들이 발견되었는데, 이것도 대체로 별자리와 결부시킨다.

크리스마스의 기적

우리는 종종 과거의 문화 유산을 보고 감격하면서도 그 유산을
어렵게 찾아낸 사람들을 잊어버리는 수가 많다. 트로이 유적을
발굴한 슐리만이 유럽인의 영웅으로 기억되는 것과는 너무도
다른 현상이다. 그런 의미에서 수몰되어 완전히 잊혀질 뻔했던
반구대 바위그림을 발견한 것으로 알려진 문명대 교수는 주목
을 받을 만하다. 고고학자가 아닌 그가 바위그림을 찾아낸 과정
에 대해 알아보자.

"제 전공은 불교 미술입니다. 1970년 당시 저는 원효 스님이
기거했다는 반고사(磻高寺) 터를 찾고 있었죠. 울산 지방은 신
라 불교의 관문일 뿐 아니라 화랑과 후대 선비들의 유명한 순례
지였죠. 고려 충신 정몽주의 유배지로도 알려져 있고요.

그런데 『삼국사기』를 보면 반고사 위치는 반구대 위에 있어
야 했어요. 하지만 절터는 찾을 수 없었죠. 그때 반구대는, 사연
댐 때문에 물에 잠겨 있었고, 드러난 부분에 있는 한 그림은 조
선 시대 거라서 아직 바위그림은 발견하지 못했어요. 망연자실
해 있는데 동네에서 한학을 하시던 최경환 노인이 '물길을 따라
1km쯤 올라가면 불탑 흔적이 남아 있는 탑거리가 있다'고 알
려주시더군요. 탑거리에서 탑 흔적을 살피는데 노인이 거기서
내려다보이는 바위 하나를 가리키면서 무슨 그림이 있다고 말
씀하시는 겁니다. 처음엔 마애불이려니 하고 내려가 봤는데 기
하학 무늬들이 새겨져 있어요. 이렇게 천전리 바위그림을 발견
한 날이 그 해 크리스마스였습니다.

크리스마스와의 인연은 거기서 그치지 않았어요. 바위그림
에 대한 관심이 고조되면서 이듬해 겨울에는 김정배·이융조
선생과 함께 반구대 답사를 갔죠. 그해에는 심한 가뭄이 들어
농민들은 애가 탔겠지만 우리에게겐 천재일우의 기회였죠. 물이
빠져 바위가 통째로 드러났으니까요. 그때 바위에서 목격한 장
관은 정말 잊을 수 없어요. 그날도 크리스마스였습니다.

이처럼 반구대 바위그림을 찾기는 했지만, 그것이 그려진 시
기를 비롯하여 아직 해결해야 할 문제들이 너무도 많이 남아 있
어요. 나는 선구적 역할을 했을 뿐이고, 아직 해결되지 않은 많
은 문제들을 여러분이 해결해 주기를 간절히 바랍니다."

문명대 교수
*1940년 경북 경산 출생
한국미술사학회 회장 역임
현 동국대 미술학과 교수
문화재 심의위원
저서 『한국조각사』
『한국불교미술사』 외 다수*

선 사 생 활 관

전시 PART 2

이곳에서는 선사 시대 생활사와 관련된 여러 가지 주제들을 다양한 장치와 깊이 있는 해설을 통해 새롭게 이해할 수 있습니다. '가상체험실'에서는 선사 시대의 유물과 유적을 발굴하는 과정을 보여주는 한편, 선사 시대에 일어날 수 있었던 사건을 통해 당시 생활을 구체적으로 체험할 수 있는 기회를 제공합니다. '특강실'에서는 어렵고 이론적인 주제들을 쉽고 재미있는 강의를 통해 풀어 줍니다. 마지막으로 '국제실'에서는 선사 시대 인류 전체의 생활사를 알기 쉬운 도표와 사진을 통해 정리해 줍니다.

74
가 상 체 험 실
SIMULATION ROOM

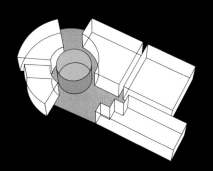

82
특 강 실
LECTURE ROOM

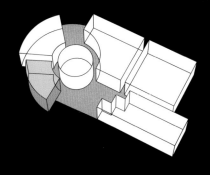

88
국 제 실
INTERNATIONAL EXHIBITION

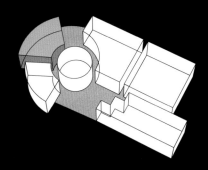

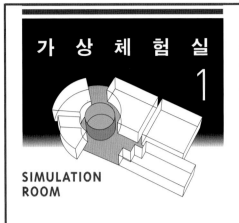

고고학자는 '과거'라는 범죄자를 추적하는 수사관과 같은 존재이다. 이 '과거'라는 범인은 신원을 알 수 있는 문서나 증거물을 거의 남기지 않은 채 현장을 떠났다. 단서가 있다면 매우 빈약한 몇 가지 유물이 전부이다. 그 유물도 현장에 보란 듯이 자리잡고 있는 것이 아니라 첨단 장비를 동원한 탐색 작업을 통해 어렵게 찾아내야만 한다. 이처럼 아득한 과거의 모습을 밝혀 내는 1단계 탐색 작업이 바로 '발굴'이다.

얼굴 없는 과거를 찾아서

경기도 연천군 한탄강 일대는 우리 나라뿐 아니라 세계적으로도 널리 알려진 구석기 유적이다. 특히 전곡리는 세계 고고학의 기존 학설을 뿌리째 뒤흔든 획기적 유물 '주먹도끼'가 발견된 곳으로 유명하다. 연륜이 짧은 우리 나라 고고학계가 이처럼 세계적인 유적과 유물을 발굴하고 그 가치를 검증받은 과정은 어떻게 이루어졌을까? 전곡리를 모델로 삼아 발굴과 그 후속 작업의 실제를 체험하자.

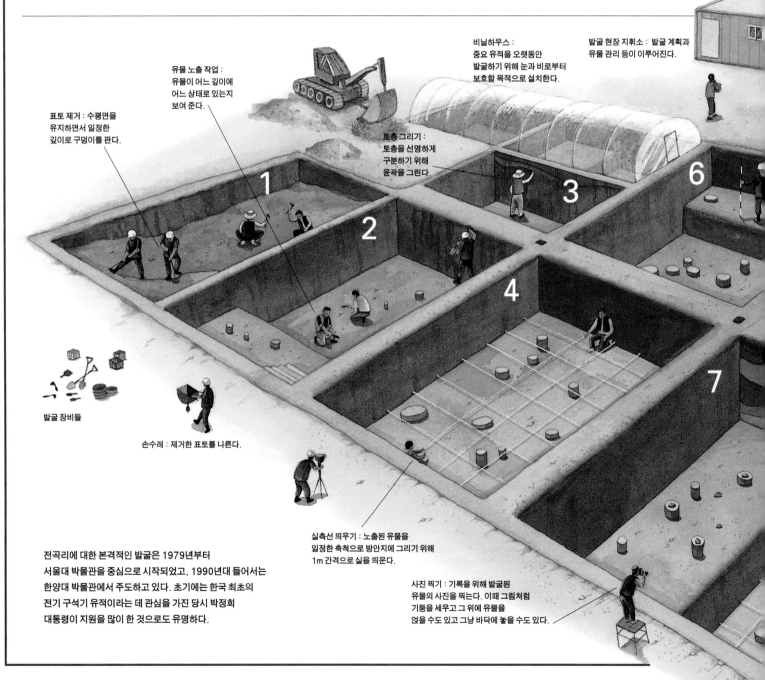

표토 제거 : 수평면을 유지하면서 일정한 깊이로 구덩이를 판다.

유물 노출 작업 : 유물이 어느 깊이에 어느 상태로 있는지 보여 준다.

비닐하우스 : 중요 유적을 오랫동안 발굴하기 위해 눈과 비로부터 보호할 목적으로 설치한다.

발굴 현장 지휘소 : 발굴 계획과 유물 관리 등이 이루어진다.

토층 그리기 : 토층을 선명하게 구분하기 위해 윤곽을 그린다.

발굴 장비들

손수레 : 제거한 표토를 나른다.

실측선 띄우기 : 노출된 유물을 일정한 축척으로 방안지에 그리기 위해 1m 간격으로 실을 띄운다.

사진 찍기 : 기록을 위해 발굴된 유물의 사진을 찍는다. 이때 그림처럼 기둥을 세우고 그 위에 유물을 얹을 수도 있고 그냥 바닥에 놓을 수도 있다.

전곡리에 대한 본격적인 발굴은 1979년부터 서울대 박물관을 중심으로 시작되었고, 1990년대 들어서는 한양대 박물관에서 주도하고 있다. 초기에는 한국 최초의 전기 구석기 유적이라는 데 관심을 가진 당시 박정희 대통령이 지원을 많이 한 것으로도 유명하다.

1 1978년 4월, 서울대학교 고고인류학과 고 김원룡 교수의 연구실로 미 육군 기상예보대 소속 그렉 보웬이 보낸 물건이 도착했다. 그가 아내와 함께 전곡리의 한탄강 유원지에 놀러갔다가 우연히 발견한 구석기 4점이었다. 그 가운데는 놀랍게도 동아시아에서는 발견된 적이 없던 '주먹도끼'가 포함되어 있었다.

1978년 5월, 김원룡 교수는 현장에 대한 지표 조사를 실시하였다. 땅 위에 나타난 유적과 유물을 빠짐없이 조사하는 지표 조사에는 지도, 사진기, 비디오 카메라, 나침반, 꽃삽, 자, 휴대용 녹음기, 수준계, 비닐 봉투, 시약병, 돋보기 등이 필요하다. 여기서 유물을 채집하고 유적 분포도를 작성하면 본격적인 발굴 작업에 들어가게 된다.

레벨 측정 : 기준점으로부터 어느 높이에 유물이 있는지 측정한다

발굴단 : 발굴단은 한 명의 발굴단장과 10명 안팎의 발굴 조사원, 그 밖의 발굴 보조원, 그리고 단순 노역을 담당하는 인부들로 이루어진다. 그 밖에 각계 전문가로 구성된 지도위원이 자문 역할을 맡는다.

실측 : 노출된 유물과 토층을 방안지에 그린다.

▲ **전곡리의 지층** : 전곡리 구석기 유적은 경기도 연천군 전곡4리 한탄강변에 있는 약 30만 평의 현무암 대지에 분포하고 있다. 이 현무암은 추가령 지구대의 구조열선에서 유동성의 흑색 현무암이 분출되어 이루어진 것으로 보인다. 유물은 이 현무암 대지 위의 붉은색 점토층에서 주로 발견된다. 현 표토토면의 표고는 50~60m 정도이고 평상시 한탄강 수면보다 30~40m 정도 높다.

표토
암갈색 점토층
붉은색 점토층
망간입자들
갈색 점토층
황갈색 점토층
현무암괴
회갈색 점토층

◀ **전곡리에서 출토된 양면핵석기**
일명 '주먹도끼'라고 하는 구석기 시대의 대표적인 도구이다. 미국의 H. 모비우스 교수가 세계의 전기 구석기 문화를 아프리카와 유럽의 주먹도끼 문화권과 인도 동쪽의 찍개 문화권으로 구분한 이래, 아시아 일대의 구석기 유적에서는 기술적으로 앞선 주먹도끼가 사용되지 않았다는 것이 종래의 통설이었다.
따라서 아시아에서는 처음으로 전곡리에서 발견된 이 주먹도끼는 세계 구석기 문화사를 다시 쓰게 만들고 동아시아의 구석기 공작을 새로운 각도에서 바라보게 만든 획기적인 유물이었다.

❷ 치밀한 기록과 보존이 뒤따르지 않는 발굴은 의미가 없다. 출토되는 유물 이름, 출토 일시, 출토 위치 외에 출토 상태, 층위, 동반 유물 등 필요한 사항을 카드에 기록해 두어야 한다. 이 카드야말로 유물이 분류될 때까지 그 유물의 '신분 증명서' 노릇을 할 것이다. 또 발굴된 유물은 최대한 원형을 살리면서 작업실로 운반해야 한다.

유물을 잘 보존하려면 깨끗이 씻어 이물질을 제거해야 한다. 이때 미세한 흔적이나 무늬 등이 훼손되지 않도록 하는 것이 무엇보다 중요하다. 그런 다음 잘 펼쳐 놓고 말린다. 전곡리에서는 하나의 석기가 부서져 서로 다른 곳에서 조각으로 발견된 예가 있으므로, 이런 조각들을 맞추는 일과 유물들을 분류하는 일도 이때 이루어져야 한다.

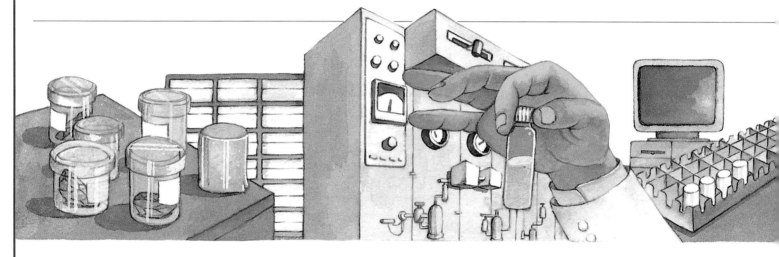

❹ 유물의 연대 측정 방법은 크게 두 가지이다. 하나는 상대 연대 측정으로 서로간의 비교를 통한 측정법이다. 예를 들어 지층의 층위에 따른 측정법은, 특별한 경우가 아니라면 위층보다는 아래층이 더 오래되었다는 전제에서 출발한다. 또 같은 종류와 형식에 속하는 유물이 출토되는 층위는 같은 시기의 것이라는 전제도 있다. 반면 절대 연대 측정은 유물 자체를 놓고 연대를 판단하는 방법이다. 가장 널리 쓰이는 방법이 방사성탄소동위원소법(위 그림)이다. 생명체는 죽는 순간부터 체내의 탄소량이 줄어들기 때문에 그 줄어든 양으로 연대를 추정한다. 그러나 5만~7만 년 이상 되면 탄소량이 너무 적어 측정이 불가능하므로, 전곡리처럼 오랜 유적에는 사용할 수 없다.

❻ 발굴의 성과를 발굴자 자신들만 독점해서는 아무런 의미가 없다. 학계에 보고함으로써 그 성과를 공유하고 차원 높은 연구를 이끌어 내야 한다. 이 같은 목적으로 작성되는 보고서에는 다음과 같은 내용이 담겨야 한다. 발굴 목적, 발굴 전 유적 상태, 발굴의 경과, 발굴 유적에 관한 설명, 발굴된 유물에 관한 설명, 유물·유적에 관한 보고자의 해석, 사진 및 실측도 따위가 그것이다. 보고서가 작성되면 학계에 발표를 하고 더욱 진전된 조사 연구의 자료로 삼아야 한다. 특히 전곡리 유적처럼 세계적인 중요성을 지닌 곳은 국제적인 검증을 받아야 한다. 1981년 영남대의 정영화 교수는 멕시코의 국제 선·원사 고고학회에서 전곡리 주먹도끼 문화에 대해 발표하고 많은 호응을 얻었다.

③ 유물 분류가 끝나면 기호를 매기고 실측과 촬영을 해둔다. 실측이란 유물의 가로 세로 길이, 날의 크기와 각도 등을 재는 것이다. 촬영할 때 주의할 점은 유물 앞에 그 유물의 이름과 성격을 알 수 있는 작은 팻말 같은 것을 놓고 찍어야 한다는 것이다. 전곡리에서는 그 동안의 발굴 작업을 통해 유럽과 아프리카에만 있다고 하던 주먹도끼를 비롯해 양날찍개, 외날찍개, 긁개 등이 발견되었다.

미국의 구석기 전문가 클라크 박사는 한국을 방문하여 전곡리가 전기 구석기 시대에 속할 가능성이 있음을 확인했다. 그렇다면 전곡리 유적은 과연 얼마나 오래 전에 형성된 곳일까? 그것을 확인하는 연대 측정 방법을 살펴보자.

⑤ 전곡리에는 아르곤포타슘법이라는 최첨단 방식이 활용되었다. 포타슘이 붕괴하여 아르곤으로 반감하는 데 약 12억~13억 년이 걸리는데, 이 긴 시간을 이용하여 1백만 년 이상 된 유적과 유물을 측정하는 데 주로 활용한다. 이 방식을 따라 전곡리 유물의 지층은 약 27만 년 전이라는 계산이 나왔다. 한편 열형광법(그림)도 전곡리 연대 측정에 활용되었다. 흙이나 흙을 원료로 한 유물에 포함된 알파석영은 유물 속의 방사성 원소가 붕괴할 때 그 에너지를 흡수한다. 이 알파석영에 열을 가하면 TL(열형광)이라는 빛을 방출하는데 그 빛에 담긴 에너지의 양으로 유물의 연대를 추정하는 것이다. 이 방법을 전곡리에서 출토된 흙에 적용해 본 결과 나온 시간은 4만~5만 년 전이었다.

⑦ 가치 있는 유물을 보존하고 분류하는 것 못지않게 유적의 현장을 보존하는 것도 중요하다. 몇 차례 발굴 후 방치되었던 전곡리 유적은 1980년대 후반부터 발굴을 주도한 한양대 배기동 교수에 의해 되살아났다. 현장 사무실로 쓰던 가건물은 1992년 구석기 자료관으로 새로 단장되었고, 현장에서는 매년 5월 구석기 당시를 체험하는 문화 축제가 열리고 있다.

😊 연대 측정법의 차이에서도 드러났지만 현재 전곡리 구석기 유적에 관한 학계의 쟁점은 그 시기에 초점이 모아져 있다. 한쪽에서는 20만 년 전의 전기 구석기 시대로 보는 데 비해 다른 한쪽에서는 4만~5만 년 전의 후기 구석기 시대로 본다.

전곡리에서 발굴된 주먹도끼가 세계에서 처음 나타난 것은 약 150만 년 전 '아슐리안 공작'으로 불리는 아프리카의 석기 제작 방식에서부터이다. 내한했던 클라크 박사는 전기 구석기 후기에 속하는 아프리카 상고안 문화의 구석기와 전곡리 구석기가 유사성을 보인다고 밝힌 바 있다.

비록 중요한 쟁점이 남아 있지만 40년도 채 안 된 한국의 구석기 연구사에서 전곡리 유적 발굴이 갖는 중요성은 매우 크다. 공주 석장리 등 다른 곳의 구석기 유적과 더불어 이곳에 관한 연구가 더욱 진전되어 한반도 선사 시대의 면모가 더욱 분명하게 드러나기를 기대한다.

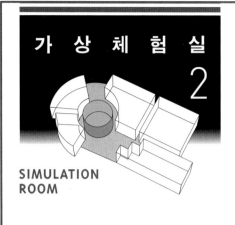

가 상 체 험 실 2

SIMULATION
ROOM

암사동과 미사리는 한강 유역에서 발견된 대표적인 신석기 시대 유적이다. 신석기 시대는 모두가 함께 일하고 함께 나
누는 공동체 사회였다. 그러나 사회의 범위가 몇몇 움집으로 이루어진 씨족 마을을 벗어나지 못했고, 한 마을과 다른
마을은 별개의 사회였다. 그렇다면 암사동과 미사리처럼 이웃한 마을 사이의 관계에는 어떤 원리가 적용되고 있었을
까? 이 문제를 탐색해 볼 수 있는 당시의 한 사건 속으로 들어가 보자.

멧돼지, 경계를 넘다

사냥을 나갔던 젊은이들이 빈손으로 돌아오면서 암사동 마을에 긴장감이 돌고 있다.
사냥감 잘 쫓기로 둘째 가라면 서러워할 발바리의 모습은 보이지 않았다. 털보는 마을로 들어오자마자
돌도끼를 땅바닥에 내던지며 분통을 터뜨렸다. 평소 흥분을 잘 하는 그였지만 오늘은 아무래도 좀
심상치 않다. 마을 사람들이 모여드는 가운데 촌장 어른이 다가와 점잖은 목소리로 털보를 꾸짖었다.
"도대체 무엇 때문에 조용한 마을을 시끄럽게 하는 게야? 무슨 일이 있었는지 차분히 말하지 않고."
그러자 침착한 떡대가 나서서 자초지종을 설명했다. 자, 과연 무슨 일이 있었던 것일까?

1 "저쪽 강가에서 발정난 멧돼지를 발견하고 신나게 쫓기 시작했죠. 화살을 몇 촉이나 맞혔고
다리에 창까지 적중했기 때문에 다 잡은 거나 다름없었어요. 그런데 이 멧돼지가 하필이면
미사리하고 경계를 이루는 언덕으로 도망치는 게 아닙니까? 그 쪽에서 미사리 놈들이
창이랑 활을 겨눈 채 웅크리고 있더라고요. 그리고는 멧돼지가 절룩거리면서 경계를
넘어가니까 달랑 낚아채 버리는 겁니다. 얼마나 약오릅니까?"

2 떡대의 말이 채 끝나기도 전에 털보가 끼어들었다. "그뿐입니까? 워낙 잘 뛰는 발바리가 멧돼지를 쫓던 기운으로 경계를 넘었어요. 그러자 미사리 녀석들이 '공동체 사이의 경계를 침범했다' 면서 발바리도 잡아가는 거예요. 그래서 제가 발바리를 데려오려고 뛰어가려는데 이 떡대 녀석이 저를 붙잡고 안 놓아 주는 거예요." 떡대가 자기를 흘겨보는

털보에게 착 가라앉은 목소리로 말했다. "이 친구야, 내가 말했잖아! 너까지 경계를 넘어가면 우리가 불리해진다고. 게다가 거기서 싸움이 벌어져 누가 부상이라도 입어 봐. 물론 우리가 멧돼지를 발견해서 거의 다 잡았으니까 우리에게도 권리가 있어. 하지만 그럴수록 더 이상의 빌미는 주지 말아야지."

촌장이 고개를 끄덕이며 말했다. "떡대 말이 맞아. 이런 일일수록 침착하게 처리해야지. 씨족 회의를 소집해서 멧돼지 문제랑 발바리 문제를 얘기해 보자." 자, 우리 모두 다 같이 생각해 보자. 저 멧돼지는 암사동 사람들의 것인가, 미사리 사람들의 것인가? 그리고 발바리에게는 잘못이 있는가 없는가?

3 촌장 집에서 씨족 회의가 열렸다. 털보가 간신히 흥분을 가라앉힌 목소리로 말하고 있다. "멧돼지는 우리가 잡은 거나 마찬가지인데 미사리에서 빼앗아 간 겁니다. 그러니까 그건 우리 거예요. 발바리도 일부러 경계를 넘은 것도 아닌데 저렇게 잡아가는 건 도리에 어긋나는 짓이라고요. 만약 둘 다 내놓지 않으면 복수해야 합니다!"
그러자 미사리에 아들을 장가 보낸 순심이가 근심 가득한 얼굴로 조심스럽게 입을 열었다.

"털보 말도 일리가 있지만, 어쨌든 발바리가 미사리를 침범한 건 잘못이야. 이런 경우엔 도토리나 곡식으로 갚아 주고 데려오게 되어 있어. 멧돼지를 찾아오는 건 고사하고 발바리라도 무사히 데려올 생각을 해야지."

5 멧돼지와 발바리가 미사리로 넘어간 경계선에서 두 마을 사람들이 마주쳤다. 암사동 촌장은 뚝심이를 진정시키고 미사리 촌장에게 요구 사항을 제시했다.
"멧돼지는 암사동에서 발견되었고 우리 젊은이들의 활과 창을 맞고 다 잡힌 상태였소. 발바리가 그 쪽으로 넘어갔다지만 사냥 과정에서 우연히 그런 것뿐이오. 그러니 둘 다 돌려주시오."
그러자 미사리 촌장이 고개를 도리질했다. "무슨 말씀! 멧돼지는 분명히 미사리에서 잡혔소. 발바리가 경계를 침범한 것은 공동체간의 관계에서 중대한 잘못이오. 멧돼지는 더 이상 말씀하지 마시고 발바리를 데려가려거든 관행을 따라 도토리 두 광주리를 내놓으시오."

7 암사동과 미사리 사람들은 즉석에서 용대의 말대로 합의했다. 미사리 사람들은 발바리를 풀어 주고 멧돼지를 절반으로 잘랐다.
마음을 졸이던 순심이는 아들의 두 손을 꼭 잡았다. 이쁜이와 왕눈이도 꼭 끌어안고 일이 잘 된 것을 기뻐했다. 두 마을 사람들이 각각 멧돼지 반 토막씩을 둘러메고 돌아가고 있는 가운데, 한편에서 한 처녀가 발바리를 조용히 돌려 세웠다. 발바리가 미사리 사람들에게 잡혀 있는 동안, 발바리에게 동정을 느꼈던 미사리 처녀 연이였다. "이걸 상처난 데 바르시면 곧 나으실 거예요. 그리고 다시는 사냥감 쫓는다고 남의 마을로 들어가지 마세요." 연이는 그러면서 앞산에서 캔 약초를 건넸다.

4 그때 밖에서 와자지껄한 소리가 들려 왔다. 발바리의 누이인 뚝심이가 팔을 걷고 나서서 사람들을 선동하고 있었다. "우리 발바리가 무슨 잘못을 했다고 잡아가서 배상까지 요구하죠? 이웃이라고 해도 이렇게 멋대로인 사람들한테는 본 때를 보여 줘야 해요. 난 발바리를 찾으러 갈 테니 여러분도 절 따라오세요!"

"암, 그래야 하고말고!" 기다렸다는 듯이 털보가 돌도끼를 움켜쥐고 나섰다.

"참고 얘기해, 뚝심아!" 사색이 된 순심이가 말렸다. 그러나 뚝심이와 젊은이들은 미사리 쪽으로 달려가고 있었다. "저러다 큰일 내겠어. 우리가 가서 미사리 사람들을 만나 보자." 촌장이 어른들을 모아 그 뒤를 따랐다.

6 양쪽의 주장이 팽팽하게 맞서자 분위기가 험악해졌다. 뚝심이와 털보가 주먹을 불끈 쥐고 있을 때, 미사리로 장가 간 순심이 아들 용대가 앞으로 나섰다.

"우리는 서로 혼인 관계에 있는 이웃입니다. 암사동 이쁜이 랑 미사리 왕눈이도 결혼을 앞두고 있잖아요? 이런 일로 사이가 나빠지면 안 됩니다. 발바리가 남의 마을을 침범한 건 잘못이죠. 하지만 남이 다 잡은 사냥감을 가로채고 입 씻는 것도 잘못입니다. 발바리와 멧돼지를 맞바꿀 수도 있겠지 만, 발바리가 고의로 그런 것은 아니니 멧돼지의 절반을 발 바리와 함께 암사동으로 돌려줍시다."

털보와 뚝심이를 뺀 대부분의 사람들은 박수를 치며 용대의 말에 동의했다.

8 이제 암사동과 미사리는 종래의 평온한 이웃 관계로 돌아갔다.

비록 상상으로 구성해 본 것이지만, 우리는 두 마을이 문제를 해결하는 과정에서 마을간의 관계에도 마을 내에서처럼 엄격한 평등주의를 적용하고 있음을 알 수 있다. 어느 한쪽이 다른 쪽에 대해서 부당한 이익이나 손해를 보지 않도록 공평하게 따져서 문제를 해결하는 것만이 신석기 공동체 사회를 유지할 수 있는 유일한 방책이었다.

신석기 시대에 정말 '멧돼지 월경 사건'과 같은 일이 벌어졌을지 알 수 있는 자료는 없다. 그러나 훗날 청동기 시대의 동예에 관한 『삼국지』 위서동이 전의 기록을 보면, 아직 공동체의 관습이 남아 있던 이곳에서는 다른 공동체 마을을 침범한 사람이 소와 말, 그리고 노비를 내고서야 풀려났다고 한다. 또 중국에 남아 있는 초기 철기 시대 바위그림에는 '멧돼지 월경 사건'을 연상시키는 그림이 그려져 있다.

이 기록으로 미루어 보건대 앞선 신석기 시대에도 다른 공동체 마을 '영역'을 침범한 사람에 대해 보상을 부과하는 관습이 있었을 것으로 추측된다. 다만 신석기 시대는 모든 사람이 평등했던 시대이므로 청동기 시대의 동예에서처럼 노비가 있었을 리는 없고, 따라서 영역 침범에 대한 보상으로 노비를 주는 일은 없었을 것이다.

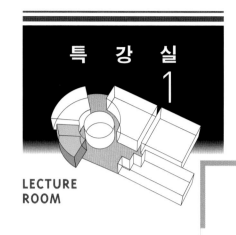

인류의 결혼 제도는 처음부터 지금과 같은 일부일처제였을까, 아니면 처음에는 여러 남녀가 함께 혼인 관계를 맺는 집단혼이었을까? 또 가족은 인류 사회의 처음부터 있었을까, 아니면 어느 정도 시간이 흐른 뒤 씨족 공동체로부터 갈라져 나왔을까? 그리고 초기 인류 사회는 어머니인 여성이 주도권을 쥔 모권 사회였을까?

모권 사회는 있었을까

구석기나 신석기 시대의 유물들을 보면 지역을 막론하고 유방과 엉덩이가 유난히 큰 여인상을 찾아볼 수 있다. 인류학자들은 이 보편적인 여인상에다 '비너스(Venus)'라는 이름을 붙여 주었다. 비너스는 로마 신화에 나오는, 얼굴도 작고 허리도 가느다란 미의 여신이다. 그런데 왜 이 뚱뚱한 여인상을 비너스라고 부를까?

비너스에 해당하는 그리스 여신 아프로디테는 그 기원이 지금의 터키 지방에서 숭배되던 대지의 여신이라고 한다. 옛날에 사람들은 식량의 원천인 온갖 식물을 생산해 주는 대지를 생산의 근원으로 생각했다. 그런 생각으로 보면 인류를 낳아 주는 어머니로서의 여성은 대지와 닮았다. 그래서 자식을 많이 낳은 어머니를 그 사회의 공동 조상으로 숭배하고 신격화했던 것이다. 이렇게 신격화된 어머니가 곧 대지의 여신, 또는 지모신(地母神)이다. 그런데 나중에 그리스 · 로마 사회에서 여성이 단지 아름다운 존재, 유혹의 대상으로 바뀌면서 비너스의 성격도 바뀌었다는 게 많은 신화학자들의 설명이다.

이처럼 지모신을 숭배하던 석기 시대 인류 사회는 마치 여왕벌을 중심으로 한 꿀벌 집단처럼 어머니인 여성이 중심을 이루는 '모권 사회'였을까? 남성 우위의 현대 사회에서 여성 해방을 부르짖는 많은 사람들은 그렇다고 주장하거나 그런 사회가 있었다는 것을 믿고 싶어한다. 반면, 아프리카나 오스트레일리아 등지에 오늘날도 남아 있는 원시 사회를 조사하고 연구해 온 인류학자들은 고개를 가로젓는다.

사실 이 모권 사회 논쟁은 아득히 먼 원시 시대를 대상으로 하지만, '남녀 평등'이라는 지극히 현대적인 문제와 관련되어 있다. 여성의 지위가 지금보다 훨씬 높았던 과거가 있었을까, 있었다면 그것은 현대 인류가 미래 사회의 모델로 추구할 만한 것일까? 다 함께 이 흥미진진한 주제를 따라가 보자.

인류를 낳아 주는 어머니로서의 여성은 대지와 닮았다. 그래서 자식을 많이 낳은 어머니를 그 사회의 공동 조상으로 숭배하고 신격화했던 것이다. 이렇게 신격화된 어머니가 곧 대지의 여신, 또는 지모신(地母神)이다.

"모권 사회는 있었다"

인류 사회의 여명기에 모권 사회가 있었다는 주장을 맨 처음 한 사람은 19세기 독일 사상가 바흐오 펜으로 알려져 있다. 인류학의 창시자로 불리는 미국의 루이스 모건(L. H. Morgan)은 19세기 인 디언 부족들의 원시적인 사회 생활을 연구한 뒤 발표한 기념비적인 저작『고대 사회(Ancient Society)』에서 이러한 모권론을 뒷받침했다. 독일의 마르크스주의 사상가 엥겔스(F. Engels)는 『가족, 사유재산, 국가의 기원』이란 유명한 책을 이 저작에 토대하여 썼다.

모권론에 따르면 원시 시대에는 남성과 여성의 신체적 차이에 따른 분업, 즉 남성은 힘든 사냥을 하고 여성은 채집을 하는 분업만 있었을 뿐 사회적 차별은 없었다. 그리고 원시 사회는 만인의 어 머니인 큰어머니(Alma Mata)를 중심으로 조직되어 있었다.

그런데 인류 재생산의 주체인 어머니를 중심으로 사회가 조직된 이유를 설명하려면 한 가지 의문 에 더 대답해야 한다. 자식은 어머니 혼자서 낳을 수 없고 아버지가 있어야 하는데, 왜 아버지는 숭배 를 하지 않았느냐 하는 의문이다. 그 대답의 하나로 이런 게 있다. 원시 시대에 사람들은 어떻게 태아 가 형성되는지 몰랐다. 따라서 그들 생각에 아이를 낳는 건 어머니의 신비로운 힘이었다.

게다가 이 시대에는 오늘날처럼 한 여자와 한 남자가 만나서 결혼하고 가정을 꾸리는 제도, 즉 일부일처제가 없었다고 그들은 주장한다. 여러 여자와 여러 남자가 자유롭게 만나서 관계를 맺는 '군혼(群婚)'이 이 시대의 혼인 제도였다는 것이다. 이런 사회에서는 설령 아버지가 있다고 해도 자 식들이 자기 아버지를 알기 어렵고, 자연히 한 여자의 배에서 나온 자식들끼리 그 여자를 중심으로 하나의 씨족을 형성하게 될 것이다. 요즘 미국에서는 하도 이혼이 잦아 한 여자가 낳은 자식들의 아버지가 각각 누구인지 혼란이 생기자 아버지를 찾아 주는 유전자 감식 사업이 번창한다는데, 군 혼 사회가 이와 유사하지 않았을까? 이 같은 군혼이 선사 시대에 보편적이었다면, 그건 당시의 사 회 현실을 반영한 관습일 뿐, 이들 선사인의 도덕 관념을 매도할 일은 아니라고 모권론자들은 힘있 게 덧붙인다.

모권론은 나아가 한 어머니를 공동 조상으로 숭배하는 씨족 사회는 형제애로 뭉쳐 있고 차별 없 이 협동하는 공동체였다고 설명한다. 그러던 원시 사회가 어느 순간부터인가 모권제에서 부권제 로, 즉 아버지를 중심으로 한 남성 중심의 사회로 이행하면서 남녀 불평등이 생겨나고 사회 내부의 갈등도 시작되었다는 것이 19세기 말을 풍미한 모권론의 개략적인 내용이다.

인류학의 창시자로 불리는
미국의 루이스 모건(L. H. Morgan)은
19세기 인디언 부족들의 원시적인
사회 생활을 연구한 뒤 발표한
기념비적인 저작
『고대 사회(Ancient Society)』에서
모권론을 뒷받침했다.
독일의 마르크스주의 사상가
엥겔스(F. Engels)는
『가족, 사유재산, 국가의 기원』이란
유명한 책을 이 저작에 토대하여 썼다.

"모 권 사 회 는 없 었 다"

일군의 신세대 인류학자들은 현대 세계에도 곳곳에 남아 있는 미개 사회를 누비며 다양한 기법과 첨단 장비를 동원해 치밀한 조사 작업을 벌였다. 특히 1949년 『사회 구조(Social Structure)』라는 저서에서 전세계 인류 사회의 가족 구조에 관해 광범위한 데이터베이스를 구축한 조지 머독(G. Mudock)은 대표적인 존재였다.

그러나 20세기 들어와 이러한 모권론은 심각한 도전에 직면하게 된다. 인류학이라는 새로운 학문이 발전에 발전을 거듭하면서 과연 원시 사회에 군혼이란 것이 있었는지, 정말 모권제가 성립했었는지 실증적으로 알아보려는 학자들이 대거 등장하면서부터였다.

이들 일군의 신세대 인류학자들은 현대 세계에도 곳곳에 남아 있는 미개 사회를 누비며 다양한 기법과 첨단 장비를 동원해 치밀한 조사 작업을 벌였다. 특히 1949년 『사회 구조(Social Structure)』라는 저서에서 전세계 인류 사회의 가족 구조에 관해 광범위한 데이터베이스를 구축한 조지 머독(G. Mudock)은 대표적인 존재였다.

이 같은 조사 결과 이들의 주류는 선배 인류학자 루이스 모건의 연구 성과를 부정하는 결론에 도달했다. 이들은 무엇보다도 먼저 현존하는 가장 미개한 원시 사회에서조차 군혼이란 것은 찾아볼 수 없다고 밝혔다. 어떤 인간 사회도 한 명의 남자가 한 명의 여자와 혼인을 맺는 '단혼(monogamy)' 을 기본으로 구성된다는 것이다.

또한 발굴된 수많은 구석기·신석기 시대의 주거 유적을 보아도 인류 사회는 아주 오랜 옛날부터 일부일처제를 보편적인 결혼 방식으로 택해 온 것으로 보인다는 것이다. 우리 나라 신석기 집자리인 암사동의 움집들을 보아도 4~5명의 핵가족 단위로 지은 것을 확인할 수 있다. 이에 따라 현대 고고인류학자들은 인류가 유인원에서 진화하는 순간부터 일부일처제 가족은 인류라는 종의 특성으로 존재해 왔다는 주장을 펴기도 한다.

현대 인류학계는 또한 군혼에 근거한 모권 사회에 대해서도 부정적인 태도를 보인다. 이들에 따르면 현존하는 인류 사회의 약 20%는 모계제를, 나머지 대부분은 부계제를 택하고 있다고 한다. 그러나 모계제를 유지하고 있는 사회에서도 모권, 즉 어머니의 권력은 발견되지 않는다는 것이다. 가계의 혈통과 재산이 여자로부터 여자로 전해지는 모계 사회라고 하더라도 그 사회를 주도적으로 꾸려 가는 사람은 어머니가 아니라 어머니 쪽 남자 형제라고 한다. 그러니까 이들에 따르면 모계 사회는 있을지언정 모권 사회란 존재하지 않는 셈이다.

그래서 인류학자들은 19세기에 비교적 단순한 사회를 조사한 학자들이 흥분에 겨워 단순히 어머니 계통으로 가계가 계승되는 모계제와 어머니 쪽에 권력이 있는 모권제를 혼동했다고 주장한다. 사실 개념적으로 보아도 사람 사이에 계급과 권력이 없었던 원시 공동체에서 모권이든 부권이든 어떤 '권력'의 존재를 이야기하는 것은 맞지 않은 일이기도 하다.

남녀 평등을 위하여

이야기를 정리할 때가 되었다. 19세기 모권론자들은 인간 사회가 모권에서 부권으로, 군혼에서 단혼으로 이행해 왔다는 거대한 조망 아래 논의를 전개해 왔지만, 이 조망의 현실적인 근거를 대는 데는 실패했다. 반면 20세기 인류학자들은 첨단의 통계학적인 조사로 무장하고 있지만 인류 사회의 진로를 제시하는 거대 담론에는 무관심하거나 약한 모습을 보인다.

그러나 '모권'의 존재에 대해서는 반대하는 인류학자들도 대부분 석기 시대에 여성의 지위가 그 이후보다 높았으리라는 점에 대해서는 수긍한다. 비너스로 불리는 석기 시대 대지의 여신상이 그것을 단적으로 말해 주고 있다. 이후의 사회에서도 마찬가지지만, 특히 선사 시대에 새 생명의 탄생은 한 사회에 없어서는 안 될 노동력이 늘어난다는 점에서 대단히 중요한 일이었다. 그러나 군혼이든 일부일처제든 한 여자가 낳을 수 있는 아이의 수는 기껏해야 1년에 한 명이다. 따라서 여성은 씨족 공동체가 온 힘을 기울여 보호하고 존중해야 할 귀한 존재가 아닐 수 없었다. '모권론'의 핵심은 여성이 권력을 가졌다는 것보다는 남녀가 과거에는 지금보다 훨씬 평등했고 이 과거는 미래에 재현되리라는 희망이다. 그렇다면 '모권'의 존재가 부정되어도 인류는 여전히 남녀가 평등한 과거와 미래를 그릴 수 있는 셈이다.

한편 일부일처제와 관련하여 어떤 여권론자들은 이 제도가 남성을 위한 장치라고 믿는다. 그렇다면 인류 사회가 처음부터 일부일처제였다는 인류학계의 주장은 처음부터 남녀 평등은 없었다는 말이 된다. 그러나 세상에 남녀가 같은 비율로 존재하는 이상 일부일처제 그 자체는 결코 남성 위주의 결혼 제도가 아니다. 일부일처제가 말대로만 시행되면 한 남자는 한 번에 한 여자만 사랑해야 하고 그 반대도 마찬가지이다. 그런데 어떤 남자가 일부일처제를 내세워 여자를 가정에 묶어 두고 다른 여자와 바람을 피운다면 그건 남자가 일부일처제를 어기는 것이다.

일부일처제를 반대하는 사람들은 남녀가 사랑하는 상대를 자유롭게 선택하고 싫으면 자유롭게 헤어질 수 있도록 현재의 결혼 제도를 폐지할 것을 주장하기도 한다. 그러나 일부일처제는 한 번에 여러 이성과 혼인하지 말라는 것이지 죽을 때까지 한 명하고만 살라는 제도는 아니다. 문제는 이혼의 자유가 보장되어야 하는데, 현재는 법적이나 경제적인 이유로 여성들이 이혼을 하고 싶어도 할 수 없는 경우가 많다는 데 있다. 즉, 결혼 제도와 관련된 남녀 불평등은 법적·경제적 불평등 탓이지 일부일처제 탓은 아니다. 결국 남녀 불평등의 궁극적인 해결은 결혼 제도 자체가 아닌, 그 배후에 숨어 있는 남녀 사이의 사회경제적 불평등을 해소함으로써 이루어질 것이다.

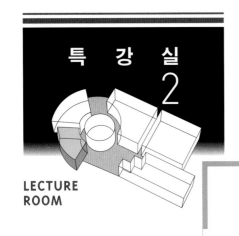

특 강 실

2

LECTURE
ROOM

『한국생활사박물관』은 원시 시대의 생활상을 구석기실과 신석기실로 나누어 전시했다. 이런 구분법은 전세계에서 널리 쓰이고 있다. 그러나 보편적으로 쓰인다고 해서 반드시 옳거나 바람직한 것은 아니다. 최근 들어 이런 구분법에 대한 반성이 곳곳에서 이루어지고 있다. 과연 '석기'의 종류에 따른 시대 구분에는 어떤 문제가 있으며, 어떤 대안이 있을까?

왜 돌로 시대를 나눌까

인류의 역사를 석기, 청동기, 철기 등 도구를 기준으로 나누는 방식은 우리에게 매우 익숙한 시대 구분법이다. 이 가운데 인간이 자신의 역사를 문자로 기록하기 시작한 시기와 겹치는 청동기 시대 이후를 흔히 역사 시대, 그 이전의 석기 시대를 역사 이전이라는 의미에서 선사 시대라고 부른다.

역사 시대는 고대, 중세, 근대로 분류하거나 그 밖에 한 시대를 대표하는 왕조라든지 문화 같은 것을 기준으로 분류하는 것이 일반화되어 있다. 그러나 그 이전의 선사 시대에 관해서는 구석기 시대, 신석기 시대 하는 식으로 '돌'을 기준으로 한 시대 구분법을 애용한다. 우리 나라에서는 대부분의 역사책이 이 같은 구분법을 따르고 있다. 선사 시대라고 해서 다양한 문화가 없었던 것도 아니고 선사인 나름대로 힘차게 그들의 역사를 개척해 나갔을 텐데, 문화의 한 측면일 수도 있는 돌도구만을 기준으로 그 방대한 시기를 나누는 것은 어쩌면 그들에 대한 예의가 아닐지도 모른다.

그래서 고고인류학계나 역사학계에서는 다른 방식의 선사 시대 구분법에 관한 논의가 전개되고 있다. 선사 시대를 석기 시대로 부르기 시작한 '작명 도사'는 누구이고, 그 대안은 무엇이 있는지 살펴보자.

도 구 로 선 사 시 대 를 나 눈 사 람

그렇다면 고고학상의 시대를 돌과 놋쇠 같은 도구 재료를 기준으로 분류하기 시작한 것은 언제 어디서부터일까? 고대 바빌로니아나 고대 그리스 등지에서는 돌이나 금속으로 시대를 구분하는 사례가 종종 있었다. 성경이나 그리스 신화 등을 보면 인류 역사를 돌의 시대, 청동의 시대, 철의 시대 등으로 구분하는 대목이 나타난다. 이런 전통은 르네상스 시기에 서유럽에서 다시 등장했다가 19세기 고고학의 개화를 맞으면서 과학적인 분석법의 세례를 받았다.

1836년 덴마크 박물관장으로 있던 고고학자 톰센(Thomsen)은 박물관에 전시할 고고학 유물들을 어떻게 분류할까 고민하다가 이 같은 전통적인 시대 구분법을 떠올렸다. 전시될 유물들을 석기, 청동기, 철기로 구분하고 보니 전시실을 구분하기도 쉽고 시대 순서도 들어맞는 것 같았다. 그리하여 톰센은 이 같은 구분법 아래 전시를 기획하고 박물관 도록 서문에 그러한 자기의 생각을 밝혔다. 그 후 영국의 고고학자 러복(J. Lubbock)이 이 가운데 석기 시대 유물을 더욱 세분화하여 시대가 오래된 뗀석기에는 구석기, 나중에 등장하는 간석기에는 신석기라는 이름을 붙여 오늘에 이르고 있다. 이처럼 돌 도구를 기준으로 선사 시대를 구분하는 방식은 많은 문제가 있음에도 불구하고 전세계의 선사 시대를 대체로 포용하는 포괄성과 유용성 때문에 지금도 널리 쓰이고 있다.

구석기 시대의 뗀석기

어떤 대안이 있을까

톰센의 분류법은 그 당시부터 많은 도전을 받아 왔다. 인간의 시대를 한정된 도구로 구분한다는 근본적인 문제를 떠나서도 보편적인 도구로 쓰이지도 않은 청동기를 가지고 과연 시대 구분의 기준으로 삼을 수 있느냐는 유명한 논쟁이 일어나기도 했다.

19세기 말에 나온 미국 인류학자 모건의 진화론적 구분법은 톰센 구분법의 강력한 맞수였다. 모건은 인간이 식료품을 구하는 수단을 발전시킨 단계에 따라 인류 사회를 '야만(savagery)', '미개(barbarism)', '문명(civilization)'으로 구분했다. 여기서 야만은 수렵·채집, 미개는 농경·목축을 특징으로 갖는다. 이때 수렵·채집은 대체로 구석기 시대, 농경·목축은 신석기 시대와 겹치지만 지역과 시대에 따라 편차가 심하다.

지구상의 여러 동물 가운데 인간만이 식량 생산을 절대적으로 통제할 수 있는 존재란 점에서 이런 구분법이 톰센 방식에 비해 더 인간적이고 더 논리적인 것은 사실이다. 하지만 이런 구분은 인간 사회를 지나친 우열 구조로 다룬다는 점에서 인류학자들로부터 거센 반박을 받고 있다. 나아가 모건이 그러한 구분 위에서 인류 사회가 모권 사회에서 부권 사회로 이행해 갔다는 주장을 펼친 사실은 첫번째 강의에서 밝힌 바 있다. 오늘날 선사 시대를 다루는 세계의 많은 교과서와 참고서들은 모건의 분류 방식에서 '미개'니 '야만'이니 하는 가치 판단적인 이름을 빼버리고, 수렵-채집 경제, 농경-목축 경제 등과 같은 노동 방식의 변화를 톰센 구분법에 보충하여 활용하고 있다. 한편 모건의 영향을 강하게 받은 사회주의 국가들, 특히 북한의 역사책은 선사 시대를 일관되게 '원시 무리 시기', '모계 씨족 사회', '부계 씨족 사회'로 구분하여 서술하고 있다. 이 가운데 원시 무리 시기는 구석기 시대와 대체로 일치하고 모계 씨족 사회는 신석기 시대, 부계 씨족 사회는 청동기 시대와 교집합을 이룬다.

신석기 시대의 화살촉

선사 시대는 구석기 시대만으로도 인류 역사의 대부분을 차지하며 인류 생활의 원형이 만들어진 중요한 시대이다. 그러한 시대에 펼쳐진 다양한 문화와 생활상을 포괄하면서 선사인이 이룩한 진보의 계기들을 짚어 주는 시대 구분법이 나오기를 바라면서 강의를 마친다.

청동기 시대의 화살촉

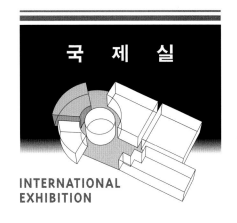

국제실

INTERNATIONAL
EXHIBITION

오늘날 세계의 인류는 모두 '호모 사피엔스 사피엔스'라는 단일한 종(種)에 속한다. 그러나 구석기 시대에는 같은 '사람(Homo) 속(屬)'에 속하면서도 종이 서로 다른 인류들, 예컨대 호모 사피엔스, 호모 에렉투스 등이 세계 곳곳에 퍼져 각자 특징적인 구석기 문화를 꽃피우고 있었다.

세계의 구석기 문화

동아프리카 ● 450만 년 전 이상으로 거슬러 올라가는 아르디피테쿠스와 그 다음의 오스트랄로피테쿠스 등 유인원의 화석들이 주로 발견된다. 호모 하빌리스와 함께 발견되는 석기는 원시적이고 조잡한 형태이다. 150만 년 전의 시기에 이르면 호모 에렉투스 단계가 되는데, 이 시기에는 주먹도끼가 제작되기 시작하며 아슐리안 문화가 꽃피게 된다.

북아프리카와 서아시아 ● 지중해와 홍해 연안의 레반트 지역에서는 10만 년 전쯤 되는 지층 속에서 현생 인류인 호모 사피엔스 사피엔스와 호모 사피엔스의 문화가 함께 섞여서 나타나는 특이한 양상을 보인다.

유럽 ● 서아시아와 비슷한 양상을 보인다. 특히 프랑스 남동부의 페리고드 지역에서는 동굴 유적과 벽화가 집중적으로 분포한다. 중기 구석기의 대표적인 문화인 무스테리안 문화가 나타나며, 이후의 후기 구석기까지 인간이 계속해서 거주하였다.

동아시아 ● 호모 에렉투스 단계에 해당하는 베이징 원인의 화석과 최초로 불을 사용한 흔적이 중국의 저우커우뎬에서 발견되었다. 동시대의 유럽이나 서아시아와 달리, 이 지역에서는 주먹도끼를 대표로 하는 아슐리안 문화가 나타나지 않고 찍개와 불규칙적인 긁개를 위주로 한 석기 문화가 주로 나타난다. 아마도 이 지역의 고인류는 비교적 온난한 환경에서 생활해 사냥과 같은 작업에 필요한 발달된 석기가 그다지 필요하지 않았기 때문인 것으로 생각된다. 예외적으로 한국의 전곡리와 일본의 가미다카모리 유적에서 아슐리안형 주먹도끼가 발견되어 눈길을 끌고 있다.

동남아시아와 대양주 ● 인도네시아에서는 이른바 자바 원인이라 불리는 호모 에렉투스 화석이 다수 발견되고 있다. 이 지역은 기온이 몹시 따뜻하고 또 열대우림 지역에 해당하기 때문에 아마도 고인류는 석기보다는 나뭇가지와 같은 식물 자원을 주로 이용했을 것으로 추측된다. 그 때문인지 석기는 거의 발견되지 않는데, 오스트레일리아의 레이크 뭉고에서는 약 4만 년 이전에 현생 인류인 호모 사피엔스 사피엔스가 바다를 건너 이주한 것으로 보이는 증거가 나타나고 있다.

아메리카 ● 다른 대륙과 달리 이 지역에서는 1만 5천 년 이전 시기에 해당하는 인류의 흔적이 거의 발견되지 않고 있다. 브라질의 몬테베르데와 페루의 아야쿠초 유적의 연대를 약 3만 년 전까지 올려보면서 인류가 아메리카에 일찍이 거주하였다는 주장이 있기는 하다. 그러나 실제로 아메리카에 인류가 대규모로 거주하기 시작하는 시기는 약 1만 5천 년 전의 구석기 시대 말기로서, 이때부터 북아시아의 고인류가 베링 해를 거쳐 미주 지역으로 이동한 것으로 생각된다.

0,000년 전 | 50,000년 전

|류(호모 사피엔스 사피엔스)

앞니 크기가 현저히 작아지고, 두개골 윗부분의 크기도 줄어들어 두개골은 위에서 볼 때 더 좁은 형태로 변화한다. 사냥술의 발달로 풍부하고 새로운 식량 자원을 조달하고 불을 이용한 로운 조리법이 보편화되면서 치아와 안면 근육 운동에 영향을 두개골 부위의 변화가 일어난 것이다.

100,000년 전 | 50,000년

력과 뛰어난 손재주를 지닌 집단으 모든 지역에 들어가 살았다. 발달 은 기술 수준을 말해 준다. 이 시기 고도의 상징 행위가 나타나는데, 이 함께 나타났을 가능성을 시사한다.

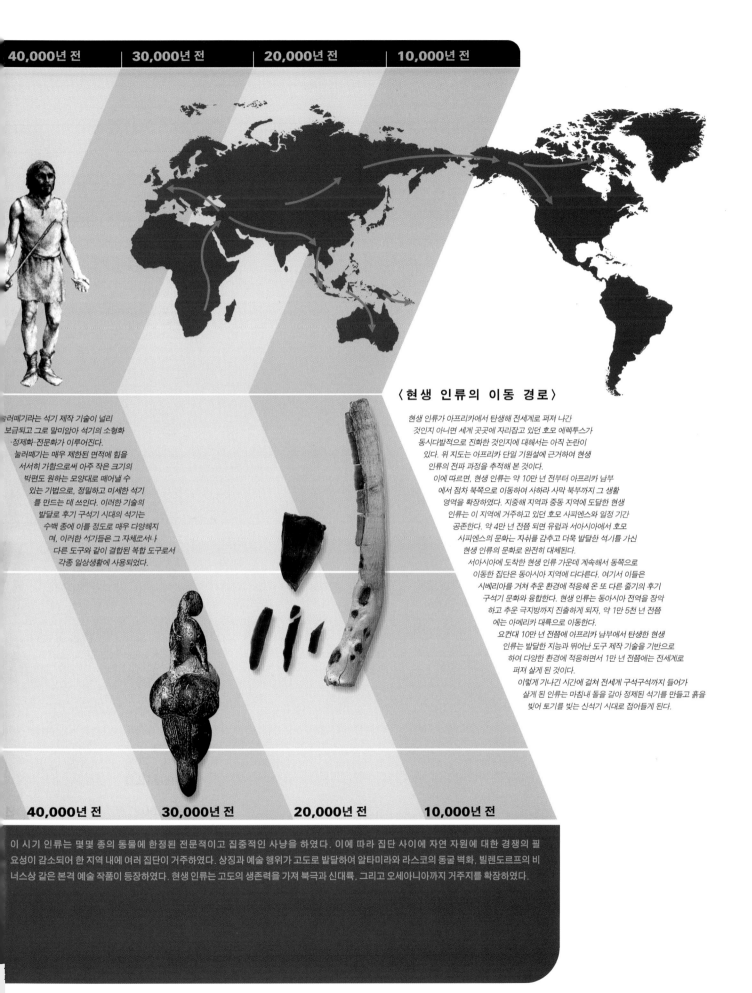

〈현생 인류의 이동 경로〉

현생 인류가 아프리카에서 탄생해 전세계로 퍼져 나간
것인지 아니면 세계 곳곳에 자리잡고 있던 호모 에렉투스가
동시다발적으로 진화한 것인지에 대해서는 아직 논란이
있다. 위 지도는 아프리카 단일 기원설에 근거하여 현생
인류의 전파 과정을 추적해 본 것이다.
이에 따르면, 현생 인류는 약 10만 년 전부터 아프리카 남부
에서 점차 북쪽으로 이동하여 사하라 사막 북부까지 그 생활
영역을 확장하였다. 지중해 지역과 중동 지역에 도달한 현생
인류는 이 지역에 거주하고 있던 호모 사피엔스와 일정 기간
공존한다. 약 4만 년 전쯤 되면 유럽과 서아시아에서 호모
사피엔스의 문화는 자취를 감추고 더욱 발달한 석기를 가진
현생 인류의 문화로 완전히 대체된다.
서아시아에 도착한 현생 인류 가운데 계속해서 동쪽으로
이동한 집단은 동아시아 지역에 다다른다. 여기서 이들은
시베리아를 거쳐 추운 환경에 적응해 온 또 다른 줄기의 후기
구석기 문화와 융합한다. 현생 인류는 동아시아 전역을 장악
하고 추운 극지방까지 진출하게 되자, 약 1만 5천 년 전쯤
에는 아메리카 대륙으로 이동한다.
요컨대 10만 년 전쯤에 아프리카 남부에서 탄생한 현생
인류는 발달한 지능과 뛰어난 도구 제작 기술을 기반으로
하여 다양한 환경에 적응하면서 1만 년 전쯤에는 전세계로
퍼져 살게 된 것이다.
이렇게 기나긴 시간에 걸쳐 전세계 구석구석까지 들어가
살게 된 인류는 마침내 돌을 갈아 정제된 석기를 만들고 흙을
빚어 토기를 빚는 신석기 시대로 접어들게 된다.

러떼기라는 석기 제작 기술이 널리
보급되고 그로 말미암아 석기의 소형화
·정제화·전문화가 이루어진다.
눌러떼기는 매우 제한된 면적에 힘을
서서히 가함으로써 아주 작은 크기의
박편도 원하는 모양대로 떼어낼 수
있는 기법으로, 정밀하고 미세한 석기
를 만드는 데 쓰인다. 이러한 기술의
발달로 후기 구석기 시대의 석기는
수백 종에 이를 정도로 매우 다양해지
며, 이러한 석기들은 그 자체로서나
다른 도구와 같이 결합된 복합 도구로서
각종 일상생활에 사용되었다.

이 시기 인류는 몇몇 종의 동물에 한정된 전문적이고 집중적인 사냥을 하였다. 이에 따라 집단 사이에 자연 자원에 대한 경쟁의 필
요성이 감소되어 한 지역 내에 여러 집단이 거주하였다. 상징과 예술 행위가 고도로 발달하여 알타미라와 라스코의 동굴 벽화, 빌렌도르프의 비
너스상 같은 본격 예술 작품이 등장하였다. 현생 인류는 고도의 생존력을 가져 북극과 신대륙, 그리고 오세아니아까지 거주지를 확장하였다.

찾 아 보 기

〈한국의 구석기 유적〉

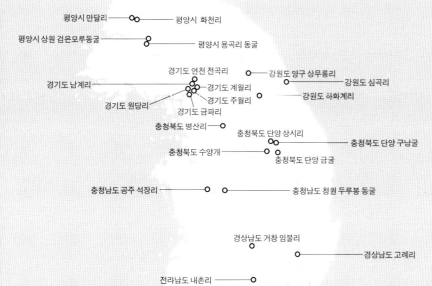

함경북도 동관진
함경북도 웅기(현재 선봉군) 굴포리 서포항
함경북도 화대 장덕리
평안남도 덕천 승리산 동굴
평양시 만달리
평양시 화천리
평양시 상원 검은모루동굴
평양시 용곡리 동굴
경기도 연천 전곡리
강원도 양구 상무룡리
경기도 남계리
강원도 심곡리
경기도 계월리
경기도 원당리
경기도 주월리
강원도 하화계리
경기도 금파리
충청북도 병산리
충청북도 단양 상시리
충청북도 단양 구낭굴
충청북도 수양개
충청북도 단양 금굴
충청남도 공주 석장리
충청남도 청원 두루봉 동굴
경상남도 거창 임불리
경상남도 고례리
전라남도 내촌리
전라남도 죽내리

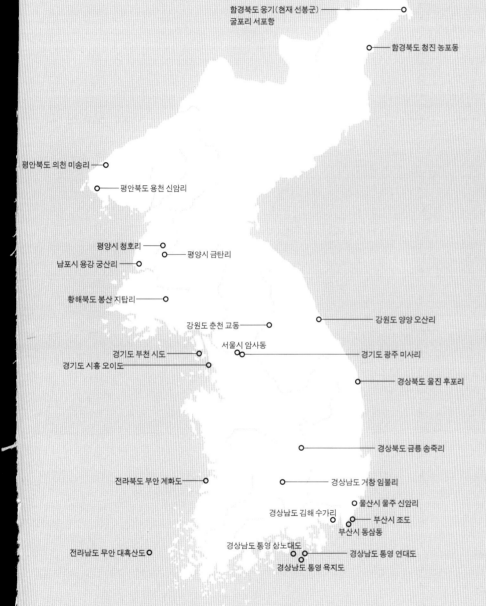

〈한국의 신석기 유적〉

함경북도 웅기(현재 선봉군) 굴포리 서포항

함경북도 청진 농포동

평안북도 의천 미송리

평안북도 용천 신암리

평양시 청호리

평양시 금탄리

남포시 용강 궁산리

황해북도 봉산 지탑리

강원도 춘천 교동

강원도 양양 오산리

경기도 부천 시도

서울시 암사동

경기도 광주 미사리

경기도 시흥 오이도

경상북도 울진 후포리

경상북도 금릉 송죽리

전라북도 부안 계화도

경상남도 거창 임불리

울산시 울주 신암리

경상남도 김해 수가리

부산시 조도

부산시 동삼동

전라남도 무안 대흑산도

경상남도 통영 상노대도

경상남도 통영 연대도

경상남도 통영 욕지도

선사생활관 도서실

총류

- 고려대학교 민족문화연구원, 『한국민속대관』(CD-ROM), 나모 인터랙티브, 1998.
- 두산동아백과사전연구소, 『두산세계백과사전』, 두산동아, 1996.
- 한국민속사전 편찬위원회, 『한국민속대사전』, 한국사전연구사, 1997.
- 한국민족문화대백과 편찬부, 『한국민족문화대백과사전』, 한국정신문화연구원, 1991.
- *Compton's Encyclopedia*, E. E Compton Company, 1978.

- 중·고교 『국사』 교과서
- 중·고교 『역사부도』

통사·분야사

- 강영환, 『집의 사회사』, 웅진출판, 1992.
- 강인희, 『한국 식생활사』, 삼영사, 1978.
- 김경옥, 『옷감짜기』, 보림, 1996.
- 김광언, 『우리 문화가 온 길』, 민속원, 1998.
- 김은하, 『한눈에 보는 우리 민속 오천년』, 웅진출판, 1999.
- 김정신·유희경·이성우·임동권, 『웅진애니메이션 한국의 역사』, 웅진출판, 1991.
- 로저 키징 저, 전경수 역, 『현대 문화인류학』, 현음사, 1985.
- 박구병, 『고기잡이』, 보림, 1996.
- 박구병, 『한국 어업사』, 정음문고, 1997.
- 배기동, 『고고학 이론입문』, 학연문화사, 1991.
- 사회과학원 력사연구소, 『조선전사』 1, 과학·백과출판사, 1979.
- 세계사신문 편찬위원회, 『세계사신문』 1, 사계절출판사, 1999.
- 신영훈, 『한국의 살림집』 上, 열화당, 1983.
- 손보기, 『석장리 선사유적』, 동아출판사, 1993.
- 손보기박사 정년기념논총간행위원회, 『손보기박사 정년기념 고고인류학논총』, 지식산업사, 1988.
- 역사문제연구소, 『한국의 역사』 1, 웅진출판, 1993.
- 역사신문 편찬위원회, 『역사신문』 1, 사계절출판사, 1995.
- 윤서석, 『한국 식품사 연구』, 신광출판사, 1974.
- 이경자, 『한국 복식사론』, 일지사, 1983.
- 이선복, 『고고학 개론』, 이론과실천, 1992.
- 이융조·우종윤·길경택·하문식·윤용현, 『우리의 선사 문화1』, 지식산업사, 1994.
- 이융조 외, 『우리의 선사문화2』, 지식산업사, 2000.
- 이이화, 『우리 민족은 어떻게 형성되었나』, 한길사, 1998.
- 이형구, 『한국 고대 문화의 기원』, 까치, 1991.
- 일리인, 『인간의 역사』 1, 연구사, 1993.
- 임동권, 『한국의 암각화』, 대원사,
- 임효재, 『한국 고대 문화의 흐름』, 집문당, 1992.
- 장석호, 『몽골의 바위그림』, 혜안, 1995.
- 정동찬, 『살아있는 신화 바위그림』, 혜안, 1996.
- 조유전, 『발굴 이야기』, 대원사, 1996.

- 존 A.J.가우레트 저(배기동 옮김), 『문명의 여명 : 옛 인류의 고고학』, 범양사 출판부, 1992.
- 찰스 앨런 외, 『원시에서 현대까지 인류 생활사』, 동아출판사, 1994.
- 최몽룡·조유전·배기동·신숙정·이성주, 『한국 선사고고학사』, 까치, 1992.
- 최무장, 『한국의 구석기 문화』, 집문당, 1994.
- 최완기, 『배무이』, 보림, 1996.
- 한영우, 『다시 찾는 우리 역사』, 경세원, 1997.
- 홍형옥, 『한국 주거사』, 민음사, 1992.
- American Museum of Natural History, *The First Humans*, Harper-San Francisco, 1993.
- Brian Williams, *Ancient China*, Heinemann, 1996.
- *Chronicle of the World*, DK, 1996.
- *History of the World : Africa and the Origins of Humans*, Cherrytreebooks, 1990.
- Mick Aston & Tim Taylor, *The Atlas of Archaeology*, DK, 1998.
- Richard Rudgley, *The Lost Civilizations of the Stone Age*, The Free Press, 1999.
- Zdenek Burian, *Prehistoric Man : The Dawn of Our Species*, Hamlyn, 1980.
- 鈴木亮, 『世界と日本の歴史』 I , 大月書店, 1987.

도감류
- 『국립중앙박물관』, 1996.
- 국립중앙박물관, 『특별전 : 한국의 선원사 토기』, 1993.
- 『서울대학교 박물관 발굴 유물 도록』, 1997.
- 『우리 문화재 도감』, 예림당, 1998.
- 『우리 민속도감』, 예림당, 1999.
- 『조선유적유물도감』 1, 동광출판사, 1990.
- 충북대학교 박물관, 『선사 유적 발굴도록』, 1998.
- 황수영·문명대, 『반구대 : 울주 암벽 조각』, 동국대학교 출판부, 1984.
- *National Geographic, NGS.*
- 京都文化博物館, 『ヒトの來た道』, 1997.
- 東京國立博物館, 『日本の考古』, 1999.

자료 제공 및 출처

글

구석기실·신석기실_김성환/야외전시·특별전시실·가상체험실·특강실_강응천/**30-31** 구석기 시대 도구들_유용욱/**46-47** 신석기 시대 도구들_유용욱/**54-55** 신석기 시대 토기들_유용욱/**70-71** 세계의 바위그림_장석호/**88-91** 세계의 구석기 문화_유용욱

사진

8-9 서기 2000년 서울_손승현 / **12** 주먹도끼_서울대 박물관 / **12-13** 서기 2000년 남대문 시장_손승현 / **16-17** 서기 2000년 예술의 전당_오현주 / **22-23** 금굴_손승현 / **26** 도토리_강릉대 박물관 / **28-29** 솔뤼트레 절벽의 사냥 장면_Chronicle of the World, 쌍코뿔소뼈_충북대 박물관 / **30-31** 뗀석기 제작 도구_충북대 박물관, 코끼리 가죽 벗기기_National Geographic, 찍개_서울대 박물관, 뾰족끝 도끼_배기동, 주먹도끼_서울대 박물관, 가로날도끼_서울대 박물관, 다각면 원구_서울대 박물관, 긁개_충북대 박물관, 밀개_충북대 박물관, 슴베찌르개_충북대 박물관, 홈날_충북대 박물관, 새기개_『ヒトの來た道』/ **33** 옷 만드는 여인_Living on the Earth / **35** 홍수 아이 유골_충북대 박물관 / **36-37** 암사동 움집 주거지_국립중앙박물관 / **40** 그물무늬토기_임학종 / **41** 어망추_국립중앙박물관, 결합식 낚시_서울대 박물관 / **42-43** 화살촉_(상·중)국립중앙박물관, (하)서울대 박물관 / **44** 불타는 들_정주하 / **45** 뿔괭이_조선유적유물도감, 돌보습_국립중앙박물관 / **46** 간석기 제작 도구 (상)숫돌_서울대 박물관, (하)돌톱_국립광주박물관, 부분 간석_국립광주박물관, 돌괭이_서울대 박물관·국립중앙박물관, 작살_연세대 박물관·부산시립박물관 / **47** 돌추_서울대 박물관, 돌바늘_서울대 박물관, 돌도끼_국립중앙박물관 / **50** 활비비_손승현 / **51** 오산리 집터_서울대 박물관 / **52** 갈돌과 갈판_서울대 박물관 / **53** 야외 노_서울대 박물관, 빗살무늬토기_국립중앙박물관 / **54** 덧무늬토기_국립중앙박물관, 토기 성형법_임학종 / **55** 서북 지방 토기·동북 지방 토기·중서부 지방 토기·남부 지방 토기_국립중앙박물관 / **56** 뼈바늘과 뼈바늘통_조선유적유물도감, 가락바퀴_조선유적유물도감 / **57** 꾸미개와 조각품_국립중앙박물관 / **60** 후포리 무덤 유적_국립경주박물관 / **63** 반구대 바위그림 전경_문명대 / **64-66** 춤추는 샤먼·거북·팔과 다리를 벌리고 있는 여자·고래잡이 배·하늘을 향해 오르는 고래 떼·새끼 밴 암사슴과 활 든 사냥꾼·멧돼지와 성기 내민 사냥꾼_동국대 박물관 / **67-69** 반구대 사람의 '얼굴'·'새끼 밴' 사슴·한 쌍의 멧돼지·힘차게 약동하는 호랑이와 고래·사냥 장면(그물로 잡는 방법)·사냥 장면(유인해서 잡는 방법)·맹수 방어용 또는 가축용 나무 울타리_동국대 박물관 / **70-71** 노르웨이 솔베르그 바위그림·예니세이 강변의 바위그림·아무르 강변의 바위그림·레나 강변의 바위그림·민누신스크 바위그림·천전리 바위그림·몽골 바위그림·도항리 바위그림·페취세 강변의 바위그림_장석호, 문명대_손승현 / **75** 주먹도끼_손승현 / **83** 루이스 모건의 책『고대 사회』_손승현 / **84** 조지 머독의 책『사회 구조』_손승현 / **87** 구석기 시대의 뗀석기_국립중앙박물관 / **87** 신석기 시대의 화살촉_국립중앙박물관 / **87** 청동기 시대의 화살촉_서울대 박물관 / **89-91** 두개골_National Geographic / **89** 찍개_서울대 박물관 / **90** 주먹도끼_유용욱·손승현, 르발루아 기법의 석기_유용욱·손승현, 머리 없이 매장된 주검_National Geographic / **90-91** 현생 인류의 석기와 예술품_The First Humans

그림

6-7 한국생활사박물관 개념도_김도희, 장문정 / **10-11** 기원전 40000년 서울_노희성 / **14-15** 기원전 4000년 북한산 기슭_노희성 / **18-19** 기원전 2000년 암사동_노희성 / **24-25** 구석기 마을_이진 / **26-27** 채집_이진 / **28-29** 사냥_이진 / **31** 뗀석기 제작법_전진경 / **32** 동굴 생활_이진 / **34-35** 이동 생활_이진 / **38-39** 신석기 마을_김병하 / **40-41** 어로 생활_이원우 / **42-43** 가축을 이용한 사냥_이원우 / **45** 화전을 이용한 밭농사_이원우 / **48-49** 신석기 시대의 혼인식_김병하 / **50-51** 신석기 시대 움집_김병하 / **52** 조개구이_김병하 / **54** 빗살무늬토기의 표면 무늬_백창훈 / **55** 토기 분포 지도_이정민 / **56** 가락바퀴 사용법_김형준, 정진희 / **57** 치장한 여인_김형준, 정진희 / **58-59** 씨족회의 장면_김형준, 정진희 / **60·61** 신석기 시대의 장례_김형준, 정진희 / **64-66** 반구대 바위그림 컴퓨터그래픽_김동원 / **67-69** 반구대 바위그림 컴퓨터그래픽_김동원 / **64,67** 반구대 지형도_백창훈 / **74-77** 얼굴 없는 과거를 찾아서_김경수 / **75** 전곡리의 지층_백창훈 / **78-81** 멧돼지, 경계를 넘다_김경수 / **85** 모권 사회 만평_이은홍 / **89-91** 인류의 기원과 진화 다이어그램_김영철 / **93** 한국의 구석기 지도_이정민 / **95** 한국의 신석기 지도_이정민
·어시스트 디자인_김경진

※ 한국생활사박물관 편찬위원회는 이 책에 실린 모든 자료의 출처를 찾기 위해 최선을 다했습니다. 누락이나 착오가 있으면 다음 쇄를 찍을 때 꼭 수정하도록 하겠습니다.

한국생활사박물관 01「선사생활관」

2000년 7월 5일 1판 1쇄
2002년 3월 15일 2판 1쇄
2022년 6월 30일 2판 14쇄

지은이 : 한국생활사박물관 편찬위원회
편집관리 : 인문팀

출력 : 블루엔 / 스캔 : 채희만
인쇄 : (주)삼성문화인쇄
제책 : 책다움
마케팅 : 이병규·양현범·이장열
홍보 : 조민희·강효원

펴낸이 : 강맑실
펴낸곳 : (주)사계절출판사
등록 : 제406-2003-034호
주소 : (우)10881 경기도 파주시 회동길 252
전화 : 031)955-8588, 8558
전송 : 마케팅부 031)955-8595 편집부 031)955-8596
홈페이지 : www.sakyejul.net 전자우편 : skj@sakyejul.com
블로그 : blog.naver.com/skjmail
페이스북 : facebook.com/sakyejul
트위터 : twitter.com/sakyejul

저작권자와 맺은 협약에 따라 인지를 생략합니다.

값은 뒤표지에 적혀 있습니다.
잘못 만든 책은 구입하신 서점에서 바꾸어 드립니다.
사계절출판사는 성장의 의미를 생각합니다.
사계절출판사는 독자 여러분의 의견에 항상 귀기울이고 있습니다.
이 책은 저작권법에 따라 보호받는 저작물이므로 무단전재와 무단복제를 금합니다.

ISBN 978-89-7196-864-2
ISBN 978-89-7196-680-8(세트)